ASAHI SENSHO
朝日選書
989

永田町政治の興亡　権力闘争の舞台裏

星　浩

朝日新聞出版

目次

⑫ 破壊者か救世主か？ 小泉首相の劇場政治が開幕 125

永田町政治の興亡　権力闘争の舞台裏

星　浩

序章

「新しい元号は、令和であります」。2019年4月1日、菅義偉《すがよしひで》官房長官が平成に代わる新元号を発表した。5月1日から令和時代が始まり、平成時代は幕を閉じた。

30年余前の1989年1月7日、昭和天皇が亡くなったことを受けて、小渕恵三官房長官が「新しい元号は、平成であります」と宣言した。昭和が終わって、平成が始まった。それから令和までの間、日本はどう変わったのだろうか。

日本が直接、戦争に関わることはなかった。その点では平和な時代だった。しかし、PKO（国連平和維持活動）協力の名の下で自衛隊が初めて海外に派遣された。イラクには自衛隊の宿営地が設けられ、インド洋では給油活動も続けられた。世界の紛争に日本も無縁ではいられなかった。

日本国内はどうか。2019年春、当時、経済同友会の代表幹事だった小林喜光氏は、平成の30年を「敗北の時代」と断言した。日本企業が時価総額で世界のトップ10から次々と脱落したことなどを指摘。国民の「今さえよければ、自分さえよければ」という風潮を嘆いた（月刊『文藝春秋』2019年4月号）。財界首脳の直言は、衝撃的だった。

平成の始まりは、米国とソ連が対峙した東西冷戦の終焉と重なる。東西を隔てていた壁が崩れ、グローバル化が一気に進んだ。その荒海に放り込まれ、もがき続けたのが、平成の日本だった。日本版の冷戦構造といえる自民、社会両党の「55年体制」が崩壊し、新しい政治の枠組みが模索された。国際情勢の激変を受けて日本にも新たな国際貢献が求められ、自衛隊の海外派遣をめぐる論争が続いた。バブル経済がはじけ、デフレが続く。少子高齢化もじわじわと進行した。その時、政治家たちはどう動いたのか。

私は、この30年間のほとんどを、朝日新聞の政治記者として日本政治を見つめてきた。その体験を中心に、再取材したり、政治家たちの回顧録を参照したりして、私が見た「平成政治史」を記録したのが本書である。

平成の幕を開けたのは竹下登政権だった。高齢化時代をみすえて、消費税の導入にこぎ着けたが、リクルート事件という大スキャンダルにまみれた。その後は、小沢一郎氏が剛腕を発揮して、小選挙区制の導入をやってのけた。この間、デフレ経済の立て直しのために、公共事業など財政出動を繰り返したが、効果は出てこない。それに対して「小さい政府」を掲げた小泉純一郎氏が登場し、人々は喝采を送ったが、日本の再生にはほど遠かった。そして、民主党政権が誕生したが、成果は乏しかった。

再登板した安倍晋三政権は「一強」を誇っている。だが、小林喜光氏の指摘を待つまでもなく、「敗北の時代」は変わらない。

令和初の国政選挙となった2019年7月の参院選は、自民、公明の与党が改選過半数を確保し、安倍政権の基盤は揺らいでいない。だが、自民党対野党の一騎打ちとなった32の「1人区」では自民党が10選挙区で敗退するなど、地方での政権批判は根強い。格差解消などを掲げて初挑戦した

「れいわ新選組」が、若者たちの支持を集め、比例区で2議席を得た。令和時代の民意の変化を予感させる動きである。

それでは、時計の針を30年余戻して、平成の幕開けから私の見聞録を始めよう。

初出
「WEB RONZA」(論座)2018年10月13日〜2019年7月27日に連載された「平成政治の興亡　私の見た権力者たち」(1)〜(20)に加筆訂正し改題したものである。

章扉写真
朝日新聞社提供

本文デザイン
五十嵐 徹 (芦澤泰偉事務所)

1 「政官業の司祭」竹下政治の隆盛と退場

1月7日早朝、自宅にかかった一本の電話

早朝、川崎市麻生区の自宅にかかってきた一本の電話が、私に昭和の終わりと平成の幕開けを告げた。1989年1月7日。土曜日の午前5時過ぎだった。

電話の主は朝日新聞政治部の首相官邸キャップ、池内文雄氏。「天皇陛下が危篤らしい。すぐに官邸に行け」のひと言だった。私はその瞬間、「まずい！」と思った。

当時、私は竹下登政権をカバーする政治部官邸記者クラブで、小渕恵三官房長官を担当。天皇陛下の病状が悪化して以来、連日、「夜討ち朝駆け」で小渕氏を取材していた。東京・王子の自宅や、定宿にしていた赤坂のプリンスホテルなどに、新聞社の車で行っていたが、この日の前の晩は、金曜の夜ということもあって、同僚たちとしこたま酒を飲み、帰宅したのは零時過ぎ。翌日は土曜日なので、昼までに出社すればよいと油断し、朝駆け用の車の手配もしていなかった。

そこに、キャップからの電話である。「駅まで歩いて電車で向かうか、タクシーを探すか」と、途方に暮れた時、ふと思いついたのが、前日の飲み会での会話だ。政治部で2年後輩の加藤洋一君が、翌朝は私の自宅近くに住む石原信雄官房副長官の家に朝駆けすると言っていたのだ。

「加藤君は石原氏の車に同乗して取材するはず。それなら、加藤君の車は空く」と思い定め、朝日

新聞社の車両担当者に電話。加藤君の車の電話番号を聞き出した。幸運なことに、すぐに加藤君と電話がつながった。車を私の自宅に回してもらって、飛び乗った。

「新しい元号は、平成であります」

首相官邸に着いたのが6時すぎ。小渕官房長官の部屋に向かうと、部屋の前では秘書官やSPが緊張の面持ちで立っていた。部屋から記者会見場に向かう小渕氏に「ご危篤ですか」と尋ねたら、小さくうなずいた。

6時35分からの記者会見で、小渕氏は「天皇陛下には本日午前4時過ぎ、ご危篤の状態になられた」と発表した。しかし、実際にはその会見の直前の6時33分、天皇陛下は崩御していた。小渕氏が「崩御」を正式に発表したのは7時55分だった。

午後2時37分、小渕官房長官が「新しい元号は、平成であります」と発表。歴史に残る場面を、この目で見届けた。昭和が終わり、平成が始まる。それは、長く続いた自民党の一党支配を大きく揺るがす「政治大乱」の幕開けでもあった。

暗雲に包まれていた竹下政権

2月24日には昭和天皇の国葬にあたる「大喪の礼」が行われ、各国の首脳が弔問のために来日。昭和から平成への代替わりが一区切りついた、とも思われた。竹下政権内部からは「政局の雰囲気も変わってくれればよいが」（小渕氏）といった声が出ていた。

というのも、竹下政権は前年から暗雲に包まれていたからだ。

1987年11月に発足した竹下政権は、中曽根康弘政権を引き継ぎ、自民党内最大派閥の竹下派に支えられた強力な政権だった。ポスト中曽根の総裁レースを争った安倍晋太郎氏を自民党幹事長に、宮沢喜一氏を蔵相に据えた。さらに、「竹下派七奉行」と呼ばれる側近を政権の要所に配していた。小渕官房長官、小沢一郎官房副長官、橋本龍太郎自民党幹事長代理、羽田孜《つとむ》農水相、梶山静六自治相、渡部恒三国会対策委員長、奥田敬和衆院予算委員長である。その布陣に乗って、竹下首相は88年12月、3％の消費税を導入するための関連法を成立させた。「長期政権」の呼び声が高まっていた。

その政権を襲ったのがリクルート事件である。

「濡れ手に粟」のリクルート事件

発端は地方自治体のスキャンダルだった。88年6月、就職情報企業のリクルート社が川崎市の助役に対して、値上がり確実な関連企業リクルートコスモス社の未公開株を譲渡していたと朝日新聞がスクープした。

その後、未公開株の譲渡先は政界へ拡大。本人や家族、秘書らが未公開株を受け取ったとして、竹下首相、安倍幹事長、宮沢蔵相、渡辺美智雄政調会長、中曽根前首相、藤波孝生元官房長官などの名が連日、報道された。株の売買で巨額の売却益を得る「濡れ手で粟」という言葉が流行した。89年2月には、江副《えぞえ》浩正・リクルート社前会長らが東京地検特捜部に逮捕され、刑事事件に発展していった。

株購入だけでなく、リクルート社からパーティー券を購入してもらったり、借り入れたりしていた政治家の名が次々と明らかになった。閣僚でも長谷川峻《たかし》法相、原田憲経企庁長官への資金提供が判明し、辞任に追い込まれた。

4月末に退陣を表明

4月11日、リクルート社から竹下氏自身への資金提供が国会に報告された。1億5100万円だった。しかし、その後、他にも竹下氏の秘書名義で5000万円の借り入れがあったことが発覚。竹下首相は窮地に立たされた。

4月24日深夜、私は担当する小渕官房長官を取材するため、定宿の赤坂プリンスホテルに向かった。部屋の前に出てきた小渕氏は「総理は淡々としている」と語り、竹下氏の進退については明言しなかった。ただ、その目が赤く充血していたことを鮮明に覚えている。首相退陣の流れは固まっていた。

翌25日、竹下首相が退陣を表明。「リクルート問題に端を発する今日の深刻な政治不信の広がりはわが国の民主主義にとり、極めて重大な危機だ」としたうえで、「特に私の周辺をめぐる問題により、政治不信を強めてきたことについて国民のみなさまに深くおわび申し上げる」と語った。そして、新年度予算の成立後に退陣することを明言した。「最低でも4年は続く」(小渕氏)と思われていた竹下政権は、576日の短命政権で幕を閉じることになる。

退陣表明の翌26日、竹下氏の金庫番といわれた秘書青木伊平氏が自殺。竹下政権に衝撃を与えた。青木氏が亡くなる直前、私は別の秘書から、こんな話を聞いていた。

「伊平さんが『リクルートからの金の出入りを東京地検にすべて把握されている。もうどうしようもない』と嘆いている。相当思い詰めている」

永田町・霞が関の表も裏も知り尽くす

ここで、竹下政権の意味を考えてみよう。

まず、圧倒的に大蔵省依存型の政権だった。竹下首相は蔵相当時の秘書官だった小川是《ただし》氏(後の大蔵事務次官)を首相秘書官に起用。小川氏に政治日程の調整を任せるなど、外務省、通産省、警察庁から出向してきた秘書官よりも一段上に扱っていた。小川氏を通じて大蔵省との連携を進め、大蔵省にとって長年の悲願だった消費税の導入にこぎ着けた。大蔵省を軸に霞が関の官僚群を抑え、財界にもにらみをきかせる。それが竹下政権の原動力であった。

竹下氏と直接話す機会が何度もあったが、官僚の出身地や入省年次、財界人・労組幹部の人物論が次々と出てくる。与野党幹部の人間関係にも非常に詳しい。永田町・霞が関の表も裏も知り尽くす、まさに「政官業の司祭」であった。

しかし、竹下氏が政権に就いた当時、日本社会には少子高齢化の波がじわじわと押し寄せ、「政官業トライアングル」が力を発揮した右肩上がりの経済成長には陰りが見え始めていた。国際社会でも、米国は財政や貿易の赤字に苦しみ、ソ連は経済の低迷から改革の必要性が叫ばれ、米ソの冷戦構造の終焉《しゅうえん》が迫っていた。竹下氏は得意の根回しによって、消費税導入などを成し遂げたが、国が荒波にもまれようとしている時、その手法は「繕い」にとどまっていた。

顕著だった政権の金権体質

一方、竹下政権の金権体質は顕著であった。当時、衆院の選挙制度は、一つの選挙区から原則3－5人を選ぶ中選挙区。自民党の各派閥が勢力拡大を狙ってしのぎを削り、派閥同士の争いが、選挙区での「サービス競争」を生んでいた。それが「カネのかかる政治」の原因だった。

竹下氏は自民党総裁選に向けて派閥の拡張を進めた。派閥所属の議員だけでなく、他派閥や無派閥の議員にも資金を提供した。そのために巨額の資金を集めた。竹下氏自ら「お賽銭方式」と呼んだ独自の手法も編み出した。

毎月1万円、年間12万円の献金をしてくれる企業を4000社集めると、4億8000万円の資金となる。企業にとっては、さほど大きな額ではないので「見返りを求めることもない」というのが竹下氏の説明だった。それでも、「派閥の運営には年間25億円は必要」（注）という事情があった。

「お賽銭」として集めた資金では足りず、さらに裏金にも頼らざるを得なかった。竹下氏の周辺がリクルート社からの裏献金を受け取っていたのも、そうした背景がある。

注　田原総一朗『正義の罠　リクルート事件と自民党―20年目の真実』（小学館　2007）P40

小選挙区制の導入に期待

リクルート・スキャンダルを受けて、竹下氏は89年1月、政治とカネの問題を検討する二つの場を設けた。自民党内の政治改革委員会（会長・後藤田正晴元官房長官）と民間有識者による「政治改革に関する有識者会議（賢人会議）」（議長・石原俊経済同友会代表幹事）である。

竹下氏自身は、中選挙区制が自民党の金権体質の根っこにあると実感していた。そのため竹下氏は、二つの会議に対し、中選挙区制を改めて小選挙区制を導入すべきだという意見を打ち出すよう期待していた。

竹下内閣は89年6月3日に総辞職するが、二つの会議は竹下氏の狙い通り、「小選挙区制導入による政治改革」という方針を打ち出す。その小選挙区制という火種が、その後の日本政治に地殻変動をもたらすのである。

2 宇野・海部政権　傀儡の実相

伊東正義氏を担ごうとした竹下氏

消費税導入という大きな業績をあげながら、リクルート事件の嵐に飲み込まれて、竹下登首相が退陣を表明したのは1989(平成元)年4月25日。自民党は後継総裁選びに入った。

竹下氏自身は当初、伊東正義総務会長を担ごうとしていた。伊東氏は農林省出身。「清廉な会津の頑固者」として知られていた。大蔵省出身で首相を務めた大平正芳氏とは肝胆相照らす仲だった。竹下氏は大平政権の蔵相を務め、当時の官房長官、伊東氏と交流を深めていた。

しかし、伊東氏は、自民党の派閥体質などを厳しく批判しており、後継首相への意欲はなかった。89年5月10日、伊東氏は自民党の記者クラブでの会見で、後継首相に就く気があるかと問われて、「本の表紙だけを替えてもダメだ。中身を替えて意識改革をしなければならない」と断言。当時、自民党を担当していた私は、その発言を間近で見て、「伊東首相はあり得ない」と確信した。

「宇野首相」にこめられた深謀遠慮

竹下氏は続いて、当時外相だった宇野宗佑氏を担ごうと動き出す。表向きは7月にフランスで予定されていた先進国首脳会議(サミット)を控えて、「外交に通じた政治家」という理由だった。しかし、竹下氏の本当の狙いは違っていた。

宇野氏は、中曽根康弘前首相が率いる中曽根派の幹部。宇野氏を首相に引き上げることで中曽根氏の影響力を弱める。さらに、宇野氏は党内基盤が弱いため、本格政権にはなり得ない。竹下氏が盟友としてきた安倍晋太郎前幹事長に政権を譲り渡すことも容易だ。場合によっては、竹下氏の再登板の芽も残る。

長期政権と思いながら2年足らずで首相の座を降りざるを得なかった無念が、竹下氏には残っていた。「宇野首相」には、竹下氏の深謀遠慮がこめられていたのである。宇野氏は6月2日の自民党両院議員総会で新総裁に選出され、翌3日の衆院本会議で首相に指名される。

余談だが、朝日新聞政治部ではそのころ、首相が交代する時、「次期首相は誰か」を約50人の部員が予想する習慣があった。年末に結果が披露される。竹下後継については、伊東正義、後藤田正晴、福田赳夫各氏らの名が多くあげられていた。

宇野氏と答えたのは私だけだった。ささやかな景品を手にした。私は、竹下氏や小渕氏に直接、取材して「宇野」と確信していたが、先輩記者たちの「中曽根氏が許すはずがない」という判断もあって、残念ながら、新聞の紙面には載らなかった。

超短命に終わった宇野政権

その宇野政権は、発足直後から逆風にさらされる。「竹下傀儡《かいらい》」という批判に加え、竹下政権が導入した消費税への反発も強まっていた。宇野首相自身の女性スキャンダルも週刊誌で報じられた。7月2日投票の東京都議選では、土井たか子委員長が率いる社会党が躍進、議席を3倍増の36とした。自民党は20減の43議席と惨敗を喫した。

直後の参院選（7月23日投票）でも、社会党が躍進して46議席を獲得、改選第一党となった。土井委員長は「山が動いた」との名セリフを吐いた。自民党は36議席にとどまり、初めて改選第二党に転落。宇野首相はなすすべなく、翌24日に退陣を表明した。69日間という超短命政権だった。

宇野後継をめぐる自民党内の権力闘争が始まる。とりわけ熾烈《しれつ》だったのが、最大派閥竹下派の内部対立だった。

竹下派内で始まったポスト争奪戦

竹下政権は「長期」という期待に反して、2年弱で幕を閉じた。そのため、竹下派の幹部たちは目算が狂った。橋本龍太郎、小渕恵三、小沢一郎、梶山静六、羽田孜の各氏らは、それぞれ竹下政権下で自民党や内閣の要職をこなし、その後に幹事長などを経て首相になるという道を描いていた。だが、竹下政権の予想外に早い終焉《しゅうえん》で、ポスト争奪戦が早くも始まったのだ。

宇野氏を事実上、指名した竹下氏は、その責任が問われ、影響力が弱まっていた。宇野政権を党幹事長として支えた橋本氏に注目が集まった。橋本氏は参院選で全国を駆け回り、「龍さま」人気が巻き起こっていた、それを警戒していたのが、橋本氏のライバル、小沢氏だった。竹下氏と共に竹下派を牛耳っていた金丸信氏は小沢氏の後見役であり、「橋本首相」には反対だった。

89年7月30日、日曜日。後継首相をめぐる政局取材が山場を迎えていた。竹下派を担当していた私は、同僚と夕食を済ませた後、東京・元麻布の金丸氏の自宅前に立ち寄ってみた。しばらくすると、小沢氏と奥田敬和氏が出てきた。小沢氏は一瞬、「まずい」という表情を見せて、そそくさと車で立ち去った。奥田氏に食い下がると、車に乗れと言う。

奥田氏は人情家で、石川県の北国新聞の記者を務めた経験を持つ。「君らも朝から晩まで大変だよな」と、担当記者に好意的だった。

「海部首相」の流れができた夜

その奥田氏の車に同乗し、東京・高輪の宿舎まで取材した。「橋本君は、今回は見送りだ」とポツリと漏らした。詳細は語らなかったが、竹下派の幹部が集まって、宇野後継に橋本氏を推すことはしないと確認したという。金丸邸には、小沢、奥田両氏のほか、竹下、小渕、梶山、羽田、渡部恒三の各氏が集まっていた。橋本氏以外の幹部である。

息せき切って築地の朝日新聞に戻り、朝刊用原稿を書いた。「橋本氏擁立を見送り」、そして「後継首相には河本派の河本敏夫会長か海部俊樹元文相」という情報も加えた。「海部首相」の流れができた夜だった。

河本派は党内最小派閥であり、「海部首相」なら竹下派のコントロールがきく。その点で、竹下氏も小沢氏も了解できる人選だった。宇野政権に続く竹下派の「傀儡政権」である。

幹事長に就任、高揚した小沢氏

竹下氏が河本、海部両氏らの動きを見守っていたのに対し、小沢氏は一気に攻勢を強める。海部氏に接近して総裁選の準備に入った。総裁選では、宮沢派が推す林義郎氏、党内右派グループが支援する石原慎太郎氏が立候補。8月8日の議員投票の結果、海部氏279票、林氏120票、石原氏48票で海部氏の圧勝となった。小沢氏は幹事長に就任。海部政権を実質的に仕切ることになる。

小沢氏がこんな話を紹介して、珍しく高揚していたのを覚えている。「政治の師である田中角栄元総理から『総理・総裁になるのは時の運だが、幹事長になるのは実力を評価されてのことだ』と言われたことがある」

一方、社会党は参院選での勝利を受けて、「消費税廃止」を掲げて衆院の解散・総選挙を迫っていた。衆院議員の任期は90年夏に迫っていた。小沢幹事長にとって、解散の選択が最大の懸案だった。自民党取材チームで竹下派を担当していた私にとっても、解散が大きなテーマだった。

「90年1月解散、2月総選挙で決まりだ」

11月中旬のある夜。小沢氏の側近から、私にこんな情報が寄せられた。

「小沢さんから今日、『解散だ。金集めを始めろ』という指示が出た。初めてのことだ。来年1月解散、２月総選挙で決まりだ」

政治部のデスクや自民党取材チームのキャップに連絡。総掛かりで裏取りの取材に入った。私は竹下、小渕、橋本各氏らに直接、当たった。いずれも「その線が有力だ」との答えだった。先輩記者には海部首相や金丸氏に当たってもらった。小沢氏は口が固かった。

11月16日、取材情報を点検し、「1月末解散、２月総選挙の線」という記事を出稿することになった。ワープロで1面用の記事を書き終えた時、手のひらに汗がにじんでいた。翌日、一面トップを飾った記事の内容を小沢氏も認めた。衆院の解散は90年1月24日、投票は2月18日だった。

選挙結果は、自民党が86年衆参同日選の時の衆院３００議席には届かなかったものの、２７５議席（追加公認含む）となり、安定多数を確保。消費税廃止を掲げた社会党は85議席から１３６議席に躍進したが、与野党逆転にはほど遠かった。「選挙に強い」という評価を固めた小沢幹事長の権勢はいっそう強まった。

傀儡政治の極致、「金竹小支配」

小沢氏と、その後見役の竹下派会長の金丸信氏、そして竹下元首相の３人が海部政権に大きな影響力を持っていた。３人とも国会近くに事務所を構え、官僚や財界人らが頻繁に訪問していた。「権力の三角地帯」「金竹小支配《こんちくしょう》」と言われた。傀儡政治の極致であった。

安泰と見られた海部・小沢体制だが、外と内の大波に翻弄されることになる。

90年8月2日、サダム・フセイン大統領の率いるイラク軍がクウェートに侵攻、併合を宣言する。ブッシュ米大統領は非難を強めた。やがて多国籍軍が結成され、湾岸戦争となる。「平和国家」日本に、「国際貢献」という難題が突き付けられる。

一方、国内ではリクルート事件以来の懸案だった政治改革の議論が大詰めを迎える。衆院に小選挙区制を導入する政治改革関連法案をどうするのか。自民党内を二分する議論が、海部政権に降りかかる。その論議は、政権の崩壊、そして、やがては自民党の分裂につながっていくのである。

3 湾岸戦争の衝撃と「本流」宮沢首相の登場

衝撃的なイラク軍のクウェート侵攻

1990年8月2日のイラク軍によるクウェート侵攻は、世界に大きな衝撃を与えた。ブッシュ（父）米大統領は直ちに動いた。その呼びかけで多国籍軍が結成された。日本政府は米国の要請に応え、8月と9月に10億ドルずつ計20億ドルの財政支援を決定。多国籍軍は50万人規模に増強されたが、イラクはクウェートから撤退しようとしない。多国籍軍の武力行使が迫ってきた。当時、外務省の事務次官（後に駐米大使）だった栗山尚一氏の回顧によると、米国では日本に対して、財政支援だけでなく自衛隊が何らかの形で多国籍軍に参加できないかという声が浮上していた（注1）。「ショー・ザ・フラッグ（旗を見せろ）」である。

注1　栗山尚一『戦後日本外交』（岩波書店　2016）　P201

政府・自民党内の意見は割れた

しかし、この戦争にどう向き合うのか、政府・自民党内の意見は割れていた。当時、自民党幹事長だった小沢一郎氏は、独自の考えを持っていた。小沢氏がまとめて考えを述べているインタビューがあるので、その概要を紹介しておこう（注2）。

湾岸戦争は幕末の黒船来航と同じだ。冷戦が終わり、国際秩序が世界史的な規模で変わってきたのだから、甘ったれている場合ではない。日本は、こういうときこそ国際社会できちんとした役割を分担する一人前の国家にならなければならない。多国籍軍への参加は、憲法上、問題はない。米軍の戦闘活動の背後で、例えば野戦病院での医療活動などがやれないか。

これに対して、自民党内「ハト派」の三木武夫元首相の流れをくむ海部俊樹首相は、自衛隊の派遣に難色を示していた。海部首相の本音を探った栗山氏によると、海部氏が派遣しようとしていたのは、自衛隊ではなく武器も携行しない「青年海外協力隊」だったという（注3）。

小沢氏との隔たりは大きかった。加えて、憲法解釈を担う内閣法制局は、多国籍軍への自衛隊派遣は、憲法が禁じている海外での武力行使に当たる可能性が大きいという見解を崩さない。外務省内では多国籍軍の後方支援に限定して自衛隊を派遣することで「概ねコンセンサスが得られていた」（注4）という。

注2　小沢一郎『政権奪取論』（朝日新聞社　2006）Ｐ30、Ｐ36－37
注3　栗山　前掲書　Ｐ202
注4　栗山　前掲書　Ｐ202

廃案になった「国連平和協力法案」

海部、小沢両氏と外務省、内閣法制局など関係者の折り合いをつける形でまとめられたのが「国連平和協力法案」だった。

法案では、多国籍軍の後方支援のために自衛隊を「平和協力隊」として派遣するが、武器使用の基準や戦闘行為に巻き込まれた際の対応などが曖昧《あいまい》だった。

政府内の意見が統一されていないため、社会党や共産党から追及されると、閣僚や外務省の局長らはまともに答弁できず、国会審議は連日、紛糾した。1990年11月、法案は結局、廃案に追い込まれた。

「感謝広告」に名前がない!

混乱する日本を国際社会は待ってくれない。翌91年1月17日、多国籍軍はイラクの首都バグダッドへの空爆に踏み切った。24日には地上戦も展開された。湾岸戦争である。その後、多国籍軍の圧倒的な攻勢で、2月27日にはイラク軍がクウェートから撤退し、終結する。

この間、日本政府は合計130億ドルの経済支援を行った。ところが、クウェート政府がワシントンポストなどに出した「感謝広告」の30カ国の中に、日本の名はなかった。国際紛争にどう対応するかという基本方針が定まらず、為す術がないまま右往左往する。その実態をさらけ出した。これが「トラウマ」となって、その後の日本外交に重くのしかかっていくのである。

2007年10月、私は栗山氏に3時間にわたるインタビューをして、湾岸戦争当時の思いなどを聞いた。

実らなかった栗山氏の構想

栗山氏はまず、「湾岸戦争が始まって、お金だけではなく、人の派遣という面で協力する必要があると考えた」「人を出す場合、どうしても自衛隊を使わなければならない。しかし、それには国内でも国際的にも非常に抵抗があると考えた」という。最終的には「いざとなったら逃げて帰ってくる組織でないとダメと思った。それは軍隊ではない組織にしなければならない。シビリアン（文民）の組織にする必要がある」と判断し、そうした考えを小沢幹事長に伝えようとしたら、「一顧だにされなかった」という。自衛隊を「文民」に改めて新組織として派遣するという構想は、実らなかったのである。

湾岸戦争の前段として、国際社会は激変していた。1989年11月には東西ドイツを隔てるベルリンの壁が崩壊。12月にはブッシュ米大統領とゴルバチョフ・ソ連共産党書記長が「冷戦の終結」を宣言した。自民党と社会党が対峙《たいじ》する55年体制は、米ソ冷戦構造の日本版であった。本家本元である米ソ冷戦の崩壊は、やがて日本にも巨大な波となって押し寄せるのだが、当時、ほとんどの日本の政治家に、その自覚はなかった。

野党を分断、「自公民」連携へ

一方、国連平和協力法が廃案になったことを受けて、小沢幹事長は巻き返しに出る。野党陣営の分断である。当時、野党陣営は社会、公明、民社各党の「社公民」体制だったが、小沢氏は公明党の市川雄一、民社党の米沢隆両書記長に接近。新たな国際貢献策を探り始めた。国連平和維持活動（PKO）への参加をめざすことで、「自公民」の連携が動き出したのである。

4月7日投票の東京都知事選が迫っていた。自民党東京都連は現職で当時80歳だった鈴木俊一氏を推すが、公明党が「高齢」を理由に鈴木氏に難色を示した。小沢氏は自民、公明両党の連携を優先し、独自に元NHKキャスターの磯村尚徳氏を推すことになった。自民党本部と公明党が支援する磯村氏と、自民党都連が推す鈴木氏という奇妙な構図になったが、結果は鈴木氏の圧勝。小沢氏は、開票を待たずに幹事長辞任を表明した。

それでも、小沢氏は転んでもただでは起きない。竹下派の会長代行に転じ、金丸信会長の下で大きな影響力を持つことになる。後任の幹事長には竹下内閣の官房長官だった小渕恵三氏が就任。小渕氏は早稲田大学の同窓でもある海部首相と協調し、政権の建て直しを進めるはずだった。

政治改革の荒波にのまれた海部政権

しかし、政治改革の荒波は、海部政権を飲み込んでいく。

自民党内では、竹下政権当時に打ち出された衆院に小選挙区制を導入する政治改革をめぐって意見対立が先鋭化していた。伊東正義、後藤田正晴両氏をはじめとする政治改革推進本部が旗振り役。羽田孜、西岡武夫、船田元各氏ら中堅議員に加え、武村正義、岡田克也各氏ら若手も推進派だった。反対・慎重派には、ＹＫＫと呼ばれた山崎拓、加藤紘一、小泉純一郎の三氏や、梶山静六・国会対策委員長、小此木彦三郎・衆院政治改革特別委員長らがいた。

自民党内の論議は紛糾したが、衆院に小選挙区比例代表並立制（選挙区３００、比例代表１７１）を導入する法案の決定にこぎつけ、８月の臨時国会に提出された。ところが、法案は9月30日、法案の国会審議を取り仕切る梶山、小此木両氏の判断で、「審議未了、廃案」となった。

海部首相は、衆院解散・総選挙も辞さないという「重大な決意」を表明する。首相としての意地を見せたのだ。だが、首相官邸に乗り込んだ小沢氏の、「竹下派は解散に反対だ」の一声で、解散は封じられた。

「恨みは忘れない」。声を震わせた小渕幹事長

小沢氏からすれば、この局面で解散が行われれば、竹下氏に支えられた海部・小渕体制での総選挙となり、金丸・小沢ラインから主導権が奪われると判断したのだろう。海部首相には、竹下派の権力争いに巻き込まれても解散に踏み切る覚悟はない。残されたのは「退陣」の選択しかなかった。10月5日、海部首相は退陣を表明。傀儡政権のあっけない幕切れだった。

幹事長の小渕氏は、竹下派では小沢氏の先輩格だが、金丸氏に後押しされた小沢氏の攻勢の前に面目は丸つぶれだった。解散騒動の最中、電話で聞いた小渕氏の声が震えていたのを覚えている。「小沢君には、金丸さんがついているから海部さんも吹き飛ばされた。だが、この恨みは忘れない」

この「恨み」が、1年後の竹下派分裂、小渕氏の派閥会長就任・小沢氏の派閥離脱の伏線になっていく。

「小沢面接」を経て誕生した宮沢政権

海部首相の退陣を受けて、自民党は後継総裁選びに入る。宮沢喜一、三塚博、渡辺美智雄の3氏が名乗りを上げた。この時期は「竹下派支配」の絶頂期。それを象徴する出来事が起きる。小沢氏が竹下派の方針を決めるため、派閥事務所で3氏から直接、意見聴取をしたのだ。「小沢面接」である。3氏が面接冒頭の写真撮影で小沢氏に平身低頭の様子を見せたことは、表の政権を裏の竹下派が握る「二重権力」の実態を映し出していた。

竹下派内には渡辺氏を支持する意見もあったが、最終的には金丸、小沢両氏の判断として、宮沢氏支持を決定。「鉄の団結」を誇る竹下派は宮沢氏でまとまった。10月27日、党員・党友と国会議員による投票の結果、宮沢氏285票、渡辺氏120票、三塚氏87票だった。宮沢政権が誕生した。

宮沢氏は大蔵省から政界入り。池田勇人氏が蔵相や首相だった時に側近として仕え、自らも通産相、蔵相などを歴任した。池田氏が創設した派閥「宏池会」の会長を務め、軽武装、経済重視の

「保守本流」を歩んできた。

私は何度も直接、話を聞く機会があった。憲法論、国際政治、国際経済など、該博な知識を持ち、竹下、金丸、小沢各氏に対して、時にさらりと皮肉を言う場面が興味深かった。

「竹下さんの登場で、政治にかかるお金がひと桁増えました」「金丸さんは何でも飲み込んでしまう。ブラックホールみたいな人だ」「小沢さんは権力闘争が好きなようだ」といった会話が記憶に残る。

「本流」を自負し、政治の安定を模索した宮沢政権だが、国内外の荒波は容赦なく政権に襲いかかっていった。

4 最大派閥の権力闘争で崩壊した宮沢政権

「ハト派の首相だからこそできた」自衛隊の海外派遣

1991（平成3）年11月に発足した宮沢喜一政権は、海部俊樹前政権がやり残した国連平和維持活動（PKO）に自衛隊を参加させるための法案（PKO協力法案）という宿題を抱えていた。

この法案は、海部政権で国連平和協力法案が頓挫したのを受けて、自民、公明、民社3党が歩み寄ってまとまった。宮沢政権での成立は確実と見られていたが、社会党などが強く反発。12月までの臨時国会では、衆院は通過したものの、参院で継続審議扱いとなった。原因は、最大派閥で国会運営を仕切っていた竹下派が「お手並み拝見」を決め込み、宮沢首相への協力を見合わせていたことだった。

当時、竹下派は竹下登元首相に近い小渕恵三、橋本龍太郎、梶山静六各氏らのグループと、金丸信氏に近い小沢一郎、羽田孜、渡部恒三各氏らのグループに割れ始めていた。宮沢首相は幹事長に竹下派の綿貫民輔氏を起用。綿貫氏は中立組で、派閥全体を代表していたわけではない。国会対策委員長には宮沢派の増岡博之氏が就いていたが、野党とのパイプは細く、折衝は進まなかった。

このため、宮沢氏は92年1月、党の布陣を強化。金丸氏を副総裁に据え、国対委員長には梶山氏を起用した。その効果はさっそく表れ、PKO協力法案は社会党が徹底抗戦したものの6月には成立。自衛隊は、国連活動の一環という形で、発足以来、初めて海外に派遣されることになった。当時、官房長官だった加藤紘一氏は法律が成立した直後、私にこう語った。

「ハト派の宮沢さんだから、中国などアジア諸国も安心して自衛隊の海外派遣を受け入れてくれた。タカ派の政権ならできなかったことだ」

92年9月、自衛隊は初めてのPKO任務を受けてカンボジアに派遣される。

実力者・金丸信氏の議員辞職と竹下派の抗争

92年夏の参院選では、細川護熙《もりひろ》・前熊本県知事が率いる日本新党が初登場。細川氏や小池百合子氏（後の東京都知事）ら4議席を得た。社会党が伸び悩み、自民党は善戦。宮沢政権は安定軌道に入るかと思われた。その矢先に、政界を揺さぶる事件が発覚する。

8月22日、朝日新聞が朝刊で「金丸氏側に5億円」と報じた。当時、東京佐川急便の渡辺広康前社長が暴力団系企業への巨額債務保証や政治家への巨額献金により東京地検特捜部に特別背任容疑で逮捕された。その捜査の過程で金丸氏への5億円の資金提供も発覚した。

8月27日、金丸氏は記者会見をして、5億円を「陣中見舞い」として受け取ったことを認め、副総裁と竹下派会長の辞任を表明する。政界は大混乱に陥った。宮沢政権を支える最大の実力者の金権体質が露呈し、政権は支柱を失った。さらに、最大派閥竹下派の主導権争いが始まった。

金丸氏への資金提供は、刑事事件としては政治資金規正法違反の罰金20万円で決着するが、世論の反発は弱まらない。東京・霞が関の東京地検の正面にある「検察庁」の看板にペンキがかけられる事件も起き、検察批判が高まった。

竹下派では、金丸会長―小沢会長代行が当面存続することになったが、与野党から金丸氏の衆院議員辞職を求める声が強まった。10月14日、金丸氏は議員辞職を表明。これを受けて、竹下派の後継会長をめぐる抗争が熾烈《しれつ》になった。

構図は小沢対反小沢。小沢氏が「自分は会長代行として責任がある」として羽田孜氏を後継会長に推すと、反小沢グループは小渕恵三氏で結集。衆院では小沢グループが優勢で、参院側も同調するかに見えた。

小沢一郎氏から「羽田さんでよろしく」の電話

両グループの多数派工作が激化する中、私は参院竹下派の中心人物である井上孝氏を国会内の事務所で取材していた。建設省（現・国土交通省）で事務次官を務め、霞が関だけでなく建設業界にも影響力のある竹下派幹部だった。ちょうど、その時、小沢一郎氏から電話が入った。

「衆院では我が方が多数を握った。井上先生も羽田さんでよろしく」。井上氏の説明によると、小沢氏はそう伝えてきたという。しかし、井上氏は「残念ながら、期待に沿えない。小渕さんを支持する」と応えた。

井上氏をはじめ、参院竹下派は雪崩を打って小渕氏支持に回った。竹下氏自身が参院議員に手を回したこともあるが、井上氏は「小沢君の手法は危なっかしい。官僚出身者が多い参院竹下派は、小沢君には乗れない」と説明していた。「霞が関の論理」は、「改革」を唱える小沢氏より「調整型」の竹下氏直系の小渕氏を選んだのである。

竹下派の分裂と梶山静六幹事長の登場

10月21日、竹下派最高幹部会の原田憲座長が「新会長には小渕氏が適任」という見解を発表して一応、決着するが、小沢氏は納得せず、翌日に羽田氏を代表とする新グループを結成。竹下派は事実上、「小渕派」と「羽田派」に分裂した。この権力闘争が、翌年の自民党の分裂と下野につながっていく。

12月、宮沢首相は内閣改造・自民党役員人事に踏み切り、幹事長を綿貫民輔氏から竹下派で反小沢勢力を束ねた梶山静六氏に交代させた。梶山氏は、茨城県議を経て小沢氏らと同じ1969年に衆院初当選。田中角栄内閣では、当選2回ながら官房副長官に抜擢された。自治相、通産相などを経験して実力をつけ、小沢氏のライバルとなってきた。

当時、梶山氏からこんな話を聞いた。「壟断《ろうだん》という言葉を知っているか。独り占めすることだ。小沢は権力を壟断する政治家だ。あいつに権力をとらせるわけにはいかない」。小沢氏への強い敵対心を感じた。

「金丸逮捕」で緊迫する政局

年が明けて93年。当初予算案が衆院を通過した3月6日は土曜日だった。私たち朝日新聞政治部の仲間は、政局が一区切りついたと思って、東京・新橋の焼き肉屋で夕食を食べていた。そこに、「事件」の連絡が入った。東京地検特捜部が金丸前自民党副総裁を脱税容疑で逮捕したのだ。自宅や事務所からは日本債券信用銀行の債券「ワリシン」や金の延べ板が大量に押収され、脱税額は50億円にのぼった。

焼き肉は中断。一斉に取材に戻った。金丸前副総裁は、大手建設会社（ゼネコン）などから多額のリベートを受け取り、債券や金の延べ板にして隠し持っていた。自民党と竹下派の腐敗がここまで進んでいたことに気づかなかった我が身を恥じた。

政局は緊迫する。宮沢首相への批判はいっそう強まり、自民党内では、羽田派や若手議員を中心に政治改革を求める声がさらに強まった。並行して財界や学会でも、小選挙区制導入を軸とする政治改革が叫ばれた。亀井正夫・住友電工相談役や佐々木毅・東大教授らが「民間政治臨調」を設立し、政治改革を求めた。

選挙制度改革めぐり悩む

小沢一郎氏は新聞のインタビューなどで「この政局は改革派と守旧派の戦いだ」と表明。宮沢首相や梶山幹事長を守旧派と位置づけて批判していた。朝日新聞政治部内でも、政治改革をめぐる議論が続いた。

若手記者の間では「政治腐敗の問題を選挙制度の問題にすり替えるのはおかしい」という意見が多かったが、ベテラン記者の間では「小選挙区制導入が必要」という考えも出ていた。中選挙区制による派閥政治の限界を実感していたためだろう。

若手の一人だった私自身も悩んだ。小選挙区制になれば政治が良くなるとは限らないが、金丸事件に見られたような腐敗や、宇野・海部政権のような「二重権力」政治の構造は正さなければならないとも感じていた。

不信任案可決で衆院解散。自民党が分裂

自民党内の政争は、私たちの議論を待ってくれなかった。社会党が提出した宮沢内閣不信任決議案に羽田派が同調する動きを見せた。「宮沢首相は政治改革に熱意がない」ことが理由だった。小沢氏主導の倒閣運動とみた梶山幹事長は、「この際、小沢たちの責任を明確にする」と判断。93年6月18日夜、不信任案は衆院本会議での採決となった。

小沢、羽田両氏を先頭に、羽田派の35人が不信任案に賛成。さらに石破茂、山口敏夫両氏ら羽田派以外の5人も賛成に回り、賛成は野党議員と合わせて255票に達した。自民党議員の反対220票を大きく上回り、不信任案は可決された。宮沢首相は総辞職ではなく、衆議院の解散・総選挙を決断。選挙になれば、小沢・羽田グループは当然、公認されないから、梶山氏が主張するように

「小沢一派を追い出す」ことになる。

自民党は分裂し、総選挙では苦戦を強いられた。そして、1955年の結党以来38年にして初めて、政権の座を降りる。吉田茂氏の流れを受け継ぐ「保守本流」を自任していた宮沢氏だが、最大派閥の権力闘争に翻弄《ほんろう》され続けた。

外交では成果を残した宮沢政権

そんな宮沢政権だが、外交においては幾つも成果を残している。

92年9月、カンボジアにおける国連平和維持活動（PKO）に初めて自衛隊を参加させた。93年4月にはカンボジアの国連ボランティアとして活動中だった中田厚仁氏が武装グループの銃撃をうけて死亡。5月には文民警察官として派遣されていた高田晴行氏が銃撃で死亡した。PKOからの撤退を求める声も出たが、宮沢首相は「PKO派遣継続」を決断した。

宮沢氏は後に回想録で、当時の心境をこう語っている。

「たまたま人が一人死んだからそれでおしまいということは、とても世界に通るものではない。ということは誰でも考えそうなものだが、なんとなく撤退しようという雰囲気になってしまうのは、いかにも私としては不本意なことである、ということを、相当強く、その当時も感じました」（注1）

92年10月の天皇陛下の中国訪問も、宮沢外交の成果だった。日本国内では反対論も強かったが、この年の4月に来日した江沢民・中国共産党書記長の要請を受けて実現。宮沢氏によれば「陛下ご自身が関心をお持ちだった」（注2）という。天皇訪中は成功裏に終わり、宮沢氏自身も「決心して良かったと思っています」（注3）と振り返っている。

もう一つ、特筆すべき宮沢外交がある。内閣不信任が可決された後の93年7月、東京で先進国首脳会議（サミット）が開かれた。宮沢首相は「死に体」だったが、ホストとして会議を主催した。サミットにあわせて行われたクリントン米大統領との二国間会談では、貿易不均衡が最大のテーマだった。数値目標を掲げての不均衡是正を訴えたクリントン大統領に対し、宮沢首相は得意の英語を駆使して、自由貿易に数値目標を持ち込むべきではないと説得。話し合いは、ホテルの寿司屋での二人だけの協議にもつれ込んだ。

安全保障では圧倒的に依存する米国に、貿易不均衡問題では日本が正論を説くという極めて珍しい光景だった。

注1　御厨貴、中村隆英『宮澤喜一回顧録』（岩波書店　2005）P302
注2　前掲書　P311
注3　前掲書　P311

5 大政変「非自民」細川政権の誕生と挫折

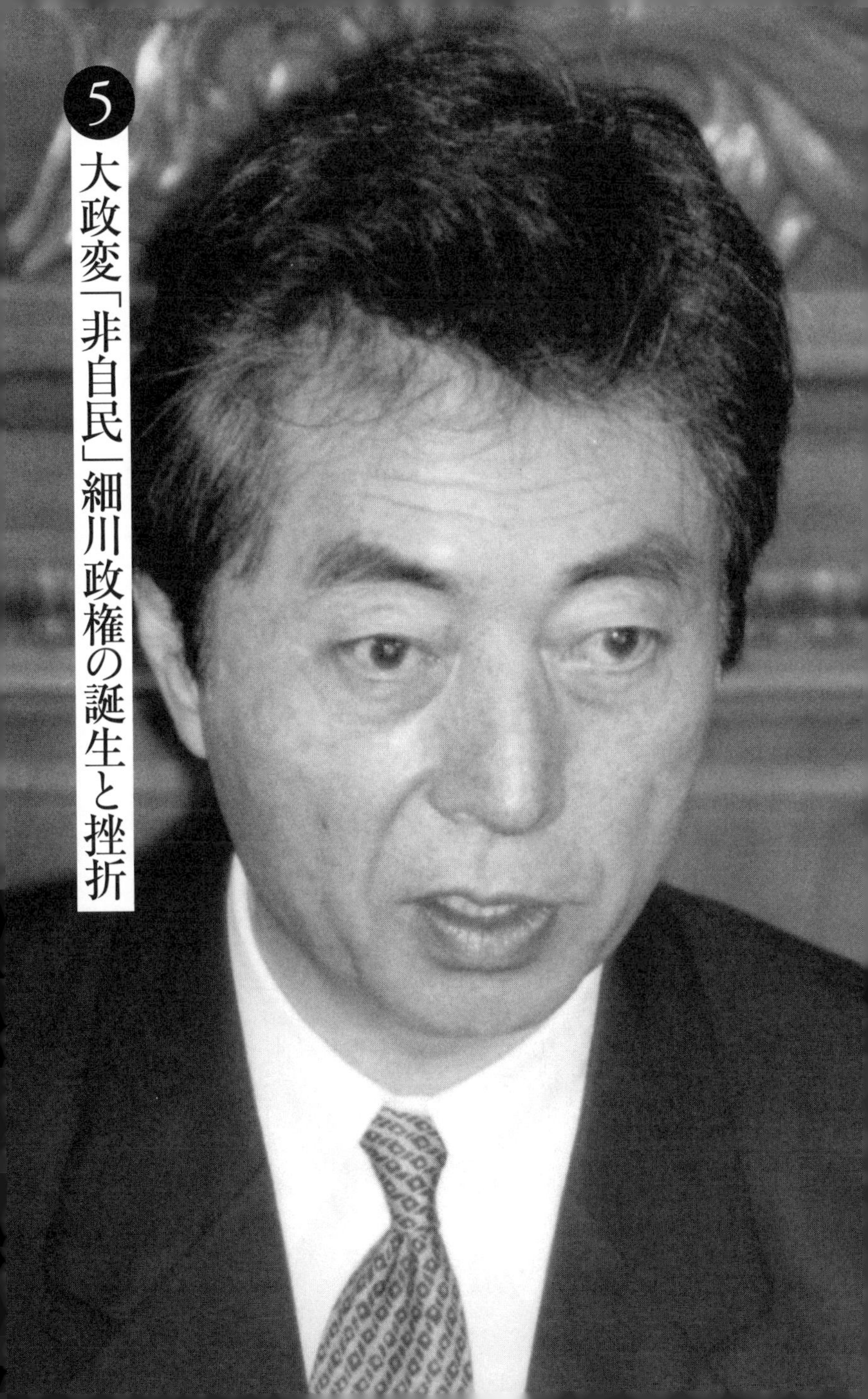

日本政治史に残る6月18日

1993（平成5）年6月18日の永田町の動きを詳しく振り返ってみよう。この日は、日本政治史に残る一日となった。

午後6時半、社会党など野党が提出した宮沢喜一内閣不信任決議案が上程され、採決が始まった。不信任の理由は「政治改革を進めようとしない宮沢首相の責任は重大」とされた。自民党からは小沢一郎、羽田孜両氏が率いる羽田派などが造反し、不信任案に賛成する。賛成が上回って可決されれば、憲法の規定で内閣は総辞職か衆院解散・総選挙かの決断を迫られる。

このころ、私は朝日新聞政治部の自民党担当だった。この日は、国会議事堂と道を隔てた国会記者会館の朝日新聞の部屋で一日中、新聞の記事を書いていた。与野党、国会、首相官邸の担当者から寄せられる情報をもとに、ワープロを打ち続けた。夕刊では「不信任案可決の公算」を書き、朝刊では「不信任案可決　衆院解散へ」という長文の記事を書いた。

内閣不信任案の採決は記名投票。衆院議員一人ひとりが、自分の名前が書いてある札を投じる。賛成なら白票、反対なら青票。羽田派の35人は、全員が白票を投じた。羽田派以外でも石破茂氏らが白票だった。そのたびに、野党席からは「おー」という歓声が上がる。

午後8時16分。桜内義雄議長が投票の結果を発表した。「可とする者、白票255票、否とする者、青票220票。よって内閣不信任決議案は可決いたしました」。野党席からは「万歳」の声も上がる。自民党席の議員たちは青ざめていた。

自民党が分裂し、内閣不信任案が可決されるという異例の事態だ。宮沢首相は直ちに衆院の解散・総選挙を決断。臨時閣議で解散が決まり、再開された衆院本会議で桜内議長が天皇陛下の解散詔書を読み上げた。自民党分裂から内閣不信任案可決、衆院解散というドラマが目の前で繰り広げられた。私は、まさに「政治史を記録する」覚悟で、ワープロに向かっていた。

衝撃を与えた「新党さきがけ」の結成

小沢氏らの造反に加えて、政界に衝撃を与えたのが、自民党の武村正義氏ら若手の離党だった。武村氏や鳩山由紀夫、田中秀征、園田博之、三原朝彦各氏ら計9人は、党の方針に従って内閣不信任案には反対した。だが、不信任案が可決された直後に、不信任案に賛成した梁瀬進氏を加えた10人で離党を表明。6月21日には、武村氏を代表とする「新党さきがけ」を結成した。

小沢氏らにすれば、不信任案には賛成したものの自民党離党をためらっているうちに、新党さきがけに先を越される格好となった。小沢氏ら35人が自民党に離党届けを提出したのは22日。「新生党」という党名を決めたのは23日だった。

数カ月前、私は自民党竹下派の若手議員だった鳩山、三原両氏らと居酒屋で話をする機会があった。「一致結束、箱弁当」が合言葉で鉄の結束を誇っていた竹下派だったが、二人は「派閥の古い体質は嫌になる」「このままでは自民党の未来はない」とぼやいていた。二人が「新党さきがけ」に加わり、さらに16年後には鳩山氏が首相に上りつめるとは、想像もできなかった。

小沢氏の多数派工作に自民党は打つ手なし

総選挙は7月4日公示、18日投票と決まった。結果として、これが中選挙区制のもとでの最後の総選挙となった。

定数511を争った選挙の結果は次の通りだ。

自民党	223
社会党	70
新生党	55
公明党	51
日本新党	35
民社党	15
共産党	15
さきがけ	13

社民連　4
無所属　30

自民党は過半数の256を大きく割り込んだが、改選前議席の222はかろうじて1議席上回った。18日、開票速報が次々と流れている時、宮沢首相は改選議席を上回ったことで自信を取り戻していた。

宮沢氏の秘書に電話したら「総理は辞める気などさらさらありません」という。だが、梶山静六幹事長は、首相と幹事長が党分裂の責任をとって辞任し、自民党が新総裁・幹事長を選べば、日本新党などとの連立政権は可能と見ていた。

自民党が選挙後の対応を決めかねていた間に、小沢氏は活発に動いた。7月22日夜、小沢氏は、参院から衆院に鞍替え当選した日本新党の細川護熙代表と会談し、非自民連立政権の首相を受けるよう提案。細川氏は受け入れた。そこから、社会、新生、公明、民社、日本新、さきがけ各党による非自民の連立政権樹立に向けた動きが急展開する。

宮沢首相は、党内情勢から退陣やむなしと判断。22日に退陣を表明した。後継総裁に後藤田正晴副総理兼法相を担ぐ動きが表面化する。さきがけの武村代表は、自治省の先輩である後藤田氏に近く、自民党としては、さきがけを抱き込むには「後藤田首相」が好都合という判断だった。

しかし、後藤田氏は高齢を理由に総裁選出馬を拒否。後継総裁は河野洋平官房長官と渡辺美智雄前外相の間で争われ、河野氏が勝利する。自民党は、小沢氏の多数派工作の前に打つ手がなかった。

細川首相の誕生で55年体制に幕

93年8月6日、特別国会の衆院本会議が開かれた。議長には憲政史上初めて、女性の土井たか子元社会党委員長が選出され、首相指名選挙が行われた。結果は、細川護熙氏が262票で河野洋平氏が224票。細川氏が第79代の首相に選出された。

細川氏は朝日新聞記者、熊本県知事、自民党参院議員などを経て、日本新党代表。私は、朝日新聞の大先輩ということもあって、話を聞く機会が多かったが、戦国武将・細川家の末裔で近衛文麿元首相の孫という経歴もあり、いつも「歴史の流れ」を考えている様子だった。

自民党は1955年の結党以来、初めて野党に転落。自民、社会両党による55年体制は幕を閉じた。

細川政権の誕生に先立ち、宮沢内閣は8月9日に総辞職したが、その直前の4日、河野洋平官房長官が戦時中の従軍慰安婦についての報告書をまとめ、談話を発表した。92年1月の宮沢首相と韓国の盧泰愚大統領との会談で、調査の要請があったことを受けたものだ。

談話は、慰安婦募集について「本人たちの意思に反して集められた事例が数多くある」などと指摘。河野氏は公式に謝罪した。この談話に基づいて、後に「アジア女性基金」が設立され、韓国の元「慰安婦」の方々に償い金などが支払われる。だが、韓国国内では日本への批判はやまず、この問題は日韓間の火だねとしてくすぶり続ける。

連立与党を牛耳った「一・一ライン」

野党転落で途方に暮れていた自民党を尻目に、細川政権のスタートは順調だった。内閣支持率は7割を超える調査が多かった。細川氏も支持率を気にしていたようで、当時の日記に、こう記している。

「細川内閣発足1カ月支持率世論調査結果をマスコミが発表。NHK70％　朝日71％　毎日65％　東京79％」（注1）

細川首相は自らの政権を「政治改革政権」と位置づけ、政治改革関連法案の成立を最優先していた。9月17日には臨時国会が召集され、政府は衆院に小選挙区比例代表並立制（選挙区250、比例代表250＝全国単位）を導入する法案を国会に提出。野党自民党は、対案として並立制（小選挙区300、比例代表171＝都道府県単位）を提出した。

私は細川政権発足で、自民党担当から国会担当に配置換えとなり、政治改革関連法案の審議などを取材。その後、連立与党担当チームのキャップとして10人ほどの仲間を束ねることになった。政権を支える連立与党は、社会、新生、公明各党など7党1会派の寄り合い所帯。与党内のゴタゴタが毎日のように表面化し、取材は深夜まで続いた。

連立政権を牛耳っていたのは、新生党の小沢一郎代表幹事と公明党の市川雄一書記長、いわゆる

「一・一ライン」だった。市川氏は安全保障などの論客で知られ、相手を論破する迫力は相当なものだった。私も、会食した際に安全保障問題で議論をふっかけられ、翌日の午前3時まで論争した記憶がある。

注1　細川護煕『内訟録』（日本経済新聞出版社　2010）P67

細川・小沢両氏の戦略の違いが浮き彫りに

11月18日、政治改革関連法案は、修正（選挙区274、比例代表226＝全国単位）されて衆院で可決され、参院に送られた。衆院本会後の採決では、連立与党の社会党から岩垂寿喜男氏ら5人が反対。一方、野党の自民党は修正案に反対を決めたが、西岡武夫氏ら13人が賛成に回った。与野党ともに、内部に亀裂を抱えていたのだ。

連立与党の社会党は、総選挙で議席を134から70に減らした責任をとって山花貞夫委員長が辞任。9月の党大会で後継に村山富市氏（後の首相）を選出した。村山氏は表向き、小沢氏への協力を表明し、政治改革関連法案にも賛成していたが、本音は違った。私は、村山氏が「小沢君は強権体質じゃ」「小選挙区制が政治改革とは限らん」と大分弁で語るのを聞いていた。社会党内にも村山氏の本音は伝わっていた。

臨時国会は年を越えて会期が延長された。政治改革関連法案の参院での採決が迫る中、細川首相と小沢氏との戦略の違いが浮き彫りになっていた。細川氏は自民党と妥協をしてでも法案を成立させ、政権の成果としたかった。小沢氏は自民党執行部との妥協を拒否して採決に持ち込めば、自民党が政治改革をめぐって再び割れると読んでいた。

細川氏は自民党の竹下登元首相、宮沢喜一前首相と極秘に会談し、自民党との歩み寄りを模索する。これに小沢氏は強く反発した。94年1月21日、政治改革関連法案は参院本会議で採決を迎えた。社会党から多くの造反が出ると予想されていたが、実際、社会党の17人が反対し、法案は賛成118票、反対130票で否決。細川政権は重大な危機を迎えた。

トップ会談で選挙制度改革が決着

衆院可決、参院否決。この事態を受けて、国会では両院協議会が開かれた。ここで「物別れ」となれば、法案の否決が決まる。当然、細川首相の責任が問われる。その一方で、自民党の河野総裁にとっては、政権を追い込んだものの、自民党内の対立・分裂を引き起こす恐れも出てきた。

細川、河野両氏の判断でトップ会談が実現。29日未明の話し合いで、「小選挙区300、全国11ブロックの比例代表200」の小選挙区比例代表並立制で決着する。合意を受けた修正案が衆参両院で可決、成立した。長く続いてきた中選挙区制を小選挙区制中心の制度に改める、日本政治の大転換であった。

小選挙区制は政権交代が起きやすく、二大政党が政策を競い合うようになる――。それが、小選挙区比例代表並立制の触れ込みだったが、2009年にこの制度で本格的な政権交代が起こるまでには、15年もの歳月を要することになる。だが、それは先の話。

目標を失い漂流する政権

政権は、その目標を失った時、とたんに求心力を失うものだ。細川政権も政治改革という最大の目標を失って、漂流を始める。

2月初め、小沢氏が大蔵省の斎藤次郎事務次官らと謀って、3%の消費税を7%の国民福祉税に引き上げる構想が突然、浮上した。3日未明、細川首相が記者会見でこれを表明。政府与党内は大騒ぎとなり、社会党の村山委員長は反対を明言。細川首相が未明に会見したことに触れて、村山氏が「夜騒ぐ男じゃのう」と名セリフをはいたのは、この時だ。武村官房長官も3日の記者会見で「過ちは改めるに如くはなし」と批判した。結局、細川首相は8日に国民福祉税構想を撤回。増税構想は5日間で立ち消えとなった。

3月には、武村官房長官を交代させるなどの内閣改造が与党内で検討されたが、細川首相は決断できず、武村氏は続投。細川氏が、その経過を小沢氏に伝えたところ、「武村にだけいい恰好をさせておくわけにはいかぬ」という激しい反応があった（注2）。政権発足から続いていた「小沢対武村」という政権内の対立は、限界に達していた。

注2　細川　前掲書　P418

「幻の特ダネ」になった細川辞任

細川首相に、佐川急便グループからの借入金疑惑などが浮上し、自民党は攻勢を強めていた。そんな4月8日午前11時過ぎ。国会内にある連立与党記者クラブの朝日新聞の電話に、社会党の野坂浩賢国会対策委員長から電話がかかってきた。

「村山委員長とお茶でも飲みませんか」

私が衆院の議員食堂に向かうと、村山、野坂両氏がコーヒーを飲んでいた。「細川総理が辞めたいと言っておる。これから首相官邸で細川総理と話すが、退陣やむなしじゃ」と村山氏。二人はそのまま、首相官邸に向かった。

退陣！　私は政治部長やデスクに報告。細川首相に直接、取材して裏をとった記者の情報も加えて、夕刊用に「細川首相退陣の意向」の原稿を書いた。官邸での会談が夕刊の締め切りの午後1時半ごろまで続いてくれれば、「スクープ」になる。そう思いながら、一心にワープロをたたいた。

午後1時過ぎ、細川首相との会談を終えた村山氏は、待ち構えていた記者団に「首相退陣」を明言。新聞、テレビは大騒ぎとなり、ニュース速報が流れた。各新聞の夕刊は「細川首相退陣」を大見出しに掲げた。私にとっては「幻の特ダネ」になった。

細川首相の退陣表明を受け、政界は連立与党と自民党が入り乱れて、混迷を深めていく。

6 短命羽田政権から仰天の村山政権へ

細川首相退陣。後継首相めぐり混乱する政局

1994（平成6）年4月8日の細川護熙首相の退陣表明を受けて、政局は連立与党と野党・自民党が入り乱れての混戦状態となる。連立与党内では、新生党代表で外相の羽田孜氏が後継首相に就くのが順当とみられていた。

しかし、新生党の代表幹事で連立政権を牛耳っていた小沢一郎氏の判断は違った。小沢氏は、自民党に手を突っ込んで、渡辺美智雄元外相を後継首相に担ぎ出そうとしたのだ。

小沢、羽田両氏は、ともに自民党の田中、竹下派と歩み、93年には自民党を離党した。金丸信氏が二人を「平時の羽田、乱世の小沢」と評していたように、羽田氏は「常識人、穏健派」だった。小沢氏からすれば、自民党と全面対決となっている「大乱世」に「羽田首相」は向かないと判断したのだろう。

派閥領袖でもある渡辺氏が引き抜かれるのではないか。自民党は大騒ぎとなった。渡辺氏自身も「政策を実現できる政党、グループと連携するのが、原理・原則にかなう」と発言。小沢氏との連携に意欲を見せた。河野洋平総裁は、渡辺氏の対応を批判、首相指名選挙に手を挙げると宣言した。

「派閥の20人程度を連れてこい」

隠密行動を続ける小沢氏の狙いが、なかなか読めない。連立与党担当のキャップだった私は、困った末に、小沢氏の盟友で新生党幹部の奥田敬和氏に真相をたずねた。こんな解説が返ってきた。「小沢はミッチー（渡辺美智雄氏）に派閥の20人程度を連れてこいと言っている。そうしてミッチーを首相にかついだら、自民党は大混乱だ」

ミッチー擁立は、自民党に衝撃を与えただけでなく、連立与党にも波紋を広げた。社会党が反対しただけでなく、日本新党や新党さきがけからも「小沢氏は盟友の羽田氏擁立よりも、渡辺氏を担いで自民党を揺さぶることを優先するのか」といった不満が出てきた。

最終的に、渡辺氏は小沢氏との連携や離党を見合わせる。「ミッチー騒動」は収束した。渡辺氏が「20人」を確保できなかったのが大きな理由だった。ある晩、奥田氏と話した。「ミッチー擁立はつぶれて良かったよ。堂々と羽田を担いで自民党と対決すればいいんだ」と話していた。

渡辺氏はガンの闘病の末、95年9月に死去した。

統一会派「改新」騒動で少数与党政権に

小沢氏の自民党分断策は実らず、連立与党は羽田孜外相を首相に推すことで合意。4月25日の衆院本会議で、羽田氏が河野洋平・自民党総裁を抑え、首相に指名された。

朝日新聞の連立与党取材チームには、「政局も一段落したし、今晩は打ち上げでもしようか」という雰囲気が漂っていた。その矢先、新たな騒動が起きる。連立与党内で国会内の統一会派を作るべきだという動きが急浮上したのである。

口火を切ったのは、民社党の大内啓伍委員長だった。当面は社会、新生、公明、民社、日本新、さきがけの各党が国会内で統一会派「改新」をつくり、将来的には自民党に対抗する政党にまとめようという構想だった。新生党の小沢一郎代表幹事、公明党の市川雄一書記長の「一・一ライン」も了承済みだった。

しかし、社会党の村山富市委員長は「新生党などの保守政党とは、理念・政策が相いれない」と反発。社会党は連立離脱を決めた。さきがけの武村正義代表も村山氏に同調した。社会党、さきがけを除けば新生、公明両党などの連立与党は187議席に過ぎず、野党の自民党（206議席）を下回る。羽田政権は少数与党という脆弱な体制でスタートすることになった。

閣僚には新生党から熊谷弘官房長官、藤井裕久蔵相ら9人、公明党からは、総務庁長官に就いた石田幸四郎委員長ら6人が起用されたほか、自民党を離党したばかりの柿沢弘治氏が外相に抜擢された。自民党への露骨な揺さぶりだった。

羽田氏は1935年生まれ。父親は朝日新聞記者から政界に転じた羽田武嗣郎氏。大学卒業後に小田急バスでサラリーマンを経験した。69年に衆院長野2区から初当選し、農水相や外相を歴任した。

私は新聞記者の駆け出しが長野支局（現長野総局）だったこともあり、長野が地元の羽田氏を取材する機会が多かった。「バス会社では添乗員もやった。東京見物でお客さんと一緒に食べた鰻はうまかったな」と思い出を語っていた。気さくな人柄だった。

羽田首相は低姿勢だったが、現実の政治は容赦ない。94年度予算案に加え、衆院に小選挙区制比例代表並立制を導入することに伴う選挙区の区割り法案など、懸案が山積していた。自民党は、細川護熙前首相が佐川急便から資金提供を受けていた問題で証人喚問を求めるなど攻勢を強めていた。

「小沢戦略」の背後に北朝鮮の核問題も

連立を離れた社会党では、久保亘書記長が小沢氏らとの接触を進めて、連立政権への復帰をめざしていた。一方で、村山富市委員長には、自民党から複数のルートで秋波が寄せられていた。森喜朗幹事長や亀井静香氏が自社共闘を持ちかけ、村山氏とは国会対策委員長同士で懇意だった梶山静六前幹事長も「反小沢」連合を打診していた。

私は梶山氏から得た「村山擁立」の情報を、あるデスク（朝日新聞政治部には部長の下に6人の次長がいて、「デスク」と呼ばれている）に伝えたが、「自民党が社会党と組むはずがない。お前も連日の取材で疲れているんじゃないか」と相手にされなかった。

小沢氏は再び、自民党を割る工作に出た。海部俊樹元首相を、連立与党と自民党の一部で首相に担ぐ計画を進めたのだ。小沢氏の判断の背景には、当時の国際情勢も絡んでいた。北朝鮮の核問題である。

核開発を密《ひそ》かに進める北朝鮮に、米国のクリントン政権が態度を硬化。北朝鮮の核施設への空爆の準備も進められた。そうなれば、米国が日本にも協力を求めてくる可能性が高い。羽田首相の少数与党政権では動きが取れない。北朝鮮と親密だった社会党を連立政権に復帰させるのは好ましくない。自民党の一部との「保・保連立」が望ましいというのが小沢戦略の狙いだった。

北朝鮮危機は、カーター元米大統領が特使として訪朝し、土壇場で米朝の妥協が成立。武力行使は回避されたが、小沢氏は海部擁立工作で突き進んだ。

政治改革を守るために総辞職

6月23日の予算成立を受けて、自民党は羽田内閣の不信任案を提出。少数与党のため、可決は確実と見られていた。羽田首相は衆院の解散・総選挙か総辞職かの選択を迫られた。

解散に踏み切れば、政権は当面、延命するが、小選挙区に向けた衆院の区割りが決まっていないため、総選挙は従来の中選挙区制のまま実施される。政治改革が頓挫する恐れが出てくる。一方、総辞職なら内閣は超短命で終わる。羽田氏は迷った。

私は首相公邸にいる羽田氏に電話した。「俺は政治改革に命をかけてきた。小選挙区制をつぶすわけにはいかん」という反応だった。解散より総辞職を選ぶつもりだった。

小沢氏ら連立与党の幹部が首相官邸に集まり、協議を続けた結果、6月25日未明、羽田内閣の総辞職が決まった。64日間の短命政権だった。

党議に反した中曽根氏、鈴木宗男氏

後継首相をめぐって、政局は一気に緊迫する。小沢氏は計画通り、自民党の海部元首相擁立で勝負に出る。これに対抗して、自民党は社会党委員長の村山氏を担ぐ。当時、衆院議院運営委員長だった奥田敬和氏が「小沢の海部擁立は禁じ手だが、自民党の村山擁立も禁じ手だ」と率直に語ったのを覚えている。

社会党内では、右派が連立与党復帰をめざして海部支持に動いたのに対して、左派が自民党と村山委員長を推すという構図となった。与野党ともに票読みが続く中、6月29日、首相指名のための衆院本会議が設定された。私は、朝日新聞の連立与党クラブのキャップとして国会記者会館で票読みや解説記事の執筆に追われた。

本会議に向けて、自民党の大物が、態度を表明した。中曽根康弘元首相だ。自民党は「村山氏に投票」を党議決定したが、中曽根氏は「憲法などの理念や政策が異なる社会党の委員長に投票することはできない」として、海部氏への投票を明言した。しかし、これが社会党に伝わると、社会党内では「タカ派の中曽根氏と同一行動をとることはできない」という反応が広がった。中曽根氏の判断は、結果として村山氏に有利に働いたのである。

自民党では、こんな出来事もあった。本会議前の代議士会では、議院運営委員会の自民党理事が投票について説明するのだが、この時の説明役は鈴木宗男氏だった。鈴木氏は「みなさん、首班指名は村山富市と書いてください。富市の『いち』は市場の市ですから、間違えないように」と黒板に村山氏の名前を大きく書いた。

当時、鈴木氏が所属していた小渕派の会長だった小渕恵三元官房長官は、国会の廊下ですれ違った私に「鈴木君が実は怪しい」とささやいた。案の定、本会議の投票で鈴木氏は党議に反して「海部俊樹」と書いたのだった。

「47票差」で村山首相が誕生

投票が迫る中、私は梶山氏に見通しを聞いた。「一回目では決着が付かず、決選投票で村山が45票差で勝つ」という。自民、社会両党の事務方が懸命に調べた数字だった。

29日午後8時過ぎからの第一回投票では、村山氏241票、海部氏220票。どちらも過半数の253票に達せず、決選投票となった。結果は村山氏261票、海部氏214票。梶山氏の予測に近い「47票差」だった。自民党からは第一回投票で26人、決選投票で19人が、党議に反して「海部俊樹」に投票。社会党では第一回投票、決選投票ともに8人が造反して「海部俊樹」に投票した。

与野党が入り乱れての本会議決戦を経て、社会党委員長が、自民党に推されて首相に就いた。仰天の結果である。

「禁じ手」合戦の背景は

この「禁じ手」合戦をどう見るか。

小沢氏の戦略は、またも「自民党分断」だった。自民党側には、政権与党に復帰しなければ、党がバラバラになってしまうという危機感があった。社会党には、「反自民」の立場から連立与党に戻るべきだという意見と、小沢氏の政治手法への反発とが入り交じっていた。その中で、自民党から村山委員長を首相にという「くせ玉」が投じられ、多数が自民党側になびいた。

大きな視点で見れば、自民党対社会党という55年体制は、米国対ソ連という東西冷戦の代理戦争だったのだが、本家本元が崩れたのだから、代理戦争の意味も揺らいでいた。55年体制に代わる新たな政治システムをどう構築するのか。小沢氏は非自民勢力から自民党の解体に動いたが、自民党側は社会党に手を伸ばすことで非自民勢力の分断を図った。

真の再生のチャンスを逃した自民党

自民党は1955年の結党以来、政権与党の座を維持してきた。左右社会党の統一に対抗して自由党と民主党が合同したという経緯もあって、当初は「反共」「健全な自由主義」といった理念・政策を明確にしていた。

それが、一党支配が続く中で、自民党は「利益配分」のための政党となっていった。財界や官僚との癒着も進んだ。非自民の細川護煕連立政権の誕生で、初めて野党に転落した自民党は存亡の危機に立たされた。得意の「利益配分」ができなくなったからだ。

本来なら、ここで社会保障や外交・安全保障などの理念・政策を練り直し、保守政党として再出発すべきだった。だが、その作業を怠ったまま、社会党との連携という「禁じ手」で政権に復帰した。自民党にとっては、命拾いではあったが、真の再生のチャンスを逃したともいえるだろう。

そうした経緯で村山政権は誕生したが、「安定」とはほど遠かった。内外の荒波にもまれて、政権は七転八倒する。

7 禁じ手「自社さ」村山政権の意義と限界

自民・社会・さきがけの連立政権が発足

1994（平成6）年6月29日夜の衆院本会議で首相に指名された村山富市・社会党委員長は、翌30日未明に河野洋平・自民党総裁、武村正義・新党さきがけ代表と党首会談を開き、自民・社会・さきがけの連立政権発足を確認した。「自社さ」政権である。

30日には新内閣の閣僚が決定する。外相に河野氏、蔵相に武村氏が就いたほか、内閣の要の官房長官には社会党から五十嵐広三氏が就任。村山氏側近の社会党の野坂浩賢氏は建設相に起用された。自民党からは橋本龍太郎氏が通産相に就いたほか、野中広務氏が自治相、亀井静香氏が運輸相に抜擢された。野中、亀井両氏の入閣について、村山首相を側近として支えた田中秀征・新党さきがけ代表代行は、こう語っている。

「二人はいわゆる〝武闘派〟です。村山内閣では彼らの助けが大きかったと思います。仏さんの両隣に、仁王さんが控えているという印象でしたね。それに歴史観が共通していたことも大きかった」（注1）

注1　田中秀征『平成史への証言　政治はなぜ劣化したのか』（朝日選書　2018）P208

温厚だが芯の強さを感じる村山富市氏

村山氏は当時70歳。大分県で自治労県本部の職員を経て、大分県議などを務めた。１９７２年に社会党から衆院議員に初当選。国会では社会労働委員会を中心に社会保障問題に取り組み、国会対策委員長を経て、93年に委員長に就いた。もともとは社会党右派だったが、小選挙区の導入に慎重論を唱えたことなどから「左派」とみられるようになった。

私は村山氏が国会対策委員長のころから取材するようになったが、温厚な中にも芯の強さを感じる政治家だった。戦争体験者として戦後民主主義の大切さを説くときの熱っぽさを鮮明に覚えている。「戦争だけは絶対にやってはいかん。それを伝えることが私たちの世代の責任じゃ」が口癖だった。

野党に転落した自民党の政権復帰願望と、小選挙区導入を控えて生き残りに不安があった社会党の窮余の策。そこに小沢一郎・新生党代表幹事への反発が重なって生まれた「自社さ」の村山政権だが、政権運営の経験が重なるにつれて、「中道・リベラル」の性格を強めていく。

社会党の基本政策を次々と転換

政権発足直後には、村山首相が出席したイタリア・ナポリでのサミット（主要国首脳会議）で、腹痛のために緊急入院するというハプニングもあった。７月18日からの臨時国会で、村山首相は、社会党の基本政策を次々と転換。「日米安保体制を堅持する」「自衛隊は合憲」「非武装中立論は役割を終えた」などと踏み込んだ答弁を続けた。

欧州の社民勢力は、ソ連の人権問題への批判もあって早くから「反ソ連・親米同盟」の路線を選択していたが、日本の社会党は日米安保条約による同盟体制には批判的だった。ソ連型社会主義に期待があったことに加え、「日米同盟では、日本が米国の戦争に巻き込まれる」ことを懸念していたのだ。

しかし、米ソ冷戦の終焉とソ連の崩壊で、状況は変わった。反米・親ソの路線は行き詰まっていた。村山委員長の首相就任で、社会党は路線の変更を余儀なくされた。

社会党は「消費税反対」路線も撤回。9月22日には、自社さの三党が97年4月に消費税率を3％から5％に引き上げることで合意した。「社労族」として福祉問題に取り組んできた村山首相は、社会保障の財源確保には消費増税が避けられないと判断した。自社さ政権は社会保障を重視する「大きい政府」に傾斜していった。

実質「小沢党」の新進党が旗揚げ

こうした動きに小沢氏は新党結成で対抗する。新生、公明、日本新、民社の各党に、自民党離党者らが結集。新党の党名は「新進党」に決まった。党首選は海部俊樹、羽田孜の両元首相と米沢隆・民社党委員長による投票となり、海部氏が圧勝、初代党首に選ばれた。幹事長には小沢氏が選出された。実質は「小沢党」である。

94年12月10日には、横浜のみなとみらいで、結党大会が開かれた。所属する衆参両院の議員は214人。新進党は自民党に対抗する巨大野党として船出した。

私は結党大会を現場で取材した。派手な演出で盛り上がった半面、議員たちの間からは不安の声が聞かれた。その中身は二つ。経済や安全保障の政策で隔たりが大きく、意思統一ができるのか。そして、小沢氏の政治手法に対する賛否が党内の亀裂を大きくするのではないか。その懸念は、遠からず現実のものになっていく。

新進党の動きに連動して、社会党内が混乱する。山花貞夫前委員長を中心に、自民党との連立に不満を抱く勢力が「離党・新党結成」を探っていた。山花氏は95年1月16日、新党の前段として、社会党議員らによる国会内会派を結成する方針を表明。17日には国会に届け出ることになっていた。社会党は分裂の危機に追い込まれた。

想定外の大災害、阪神大震災が発生

事実上の「山花新党」の旗揚げが予定された17日、村山政権への打撃は大きいと見た朝日新聞政治部のメンバーは早朝から動き出していた。そこに想定外の大災害が起きた。阪神・淡路大震災である。「山花新党どころではない」事態になった。

17日午前5時46分、兵庫県南部を震源とするマグニチュード7・3の直下型地震が発生。神戸市などで甚大な被害が出た。死者は6434人、避難者はピーク時で30万人を超えた。

地震発生直後から、NHKがヘリコプターから中継した。市街地の火災や高速道路の倒壊など衝撃的な映像が流れた。私は、建設事務次官経験者で土木技術者でもある自民党の井上孝・元国土庁長官に電話した。「高速道路は絶対に倒壊しないように設計してあるんだ。それが壊れるとは……」と絶句したのを覚えている。

村山内閣で災害対策の責任者だった小沢潔国土庁長官の動きが遅く、政府部内から不満が出た。村山首相は、野中広務自治相・国家公安委員長の進言を受けて、小沢長官を事実上、更迭し、小里貞利・北海道・沖縄開発庁長官を震災担当特命相に起用。小里氏は政府の司令塔として動き出した。それでも自衛隊の出動などの遅れが目立ち、野党からは危機管理能力の不足が指摘された。

「平成日本」を揺るがせたオウム事件

ほぼ2カ月後の3月20日朝。こんどは東京・霞が関の地下鉄で猛毒のサリンがまかれる。乗客・駅員13人が死亡、約6000人が負傷。捜査当局はオウム真理教のメンバーによる犯行と断定し、22日には山梨県上九一色村（現・河口湖町）のオウム真理教総本部の家宅捜索に踏み切った。

3月30日には警察庁の国松孝次長官が自宅マンションを出たところで狙撃され、重傷を負った。衝撃的な事件だった。サリンがまかれたオウム事件との関連が取りざたされたが、いまだに犯人は特定されていない。

オウム真理教をめぐっては、①教団と対立する弁護士とその家族を殺害した坂本堤弁護士一家殺害事件②長野県松本市で教団支部の立ち退き訴訟を担当していた裁判官の殺害を狙ってサリンをまいた松本サリン事件、なども捜査されていた。捜査当局は95年5月16日、オウム真理教の麻原彰晃（本名・松本智津夫）教祖を殺人などの容疑で逮捕。麻原教祖は最終的に27人の殺人罪で起訴され、2006年には最高裁で死刑が確定する。

オウム事件では、麻原教祖を含む13人に死刑判決が下された。13人の死刑は2018年7月、2回に分けて執行された。文字通り、平成の日本を揺るがせた大事件だった。

危機管理に奔走した野中広務氏

阪神・淡路大震災とオウム事件を通じて村山政権の危機管理に奔走したのが野中広務自治相・国家公安委員長だった。1925年生まれの戦中派。京都市園部町出身で、園部町議、町長を経て京都府議、京都府副知事を歴任した「たたき上げ」である。

自民党の田中・竹下派では小沢一郎氏を支持した時期もあったが、その後、決別し、小渕恵三氏を支えた。野中氏を東京・高輪の衆院議員宿舎で夜中に取材することが多かった。リクライニングチェアに座って、にこやかな表情をうかべつつ、時ににらみつけて質問に答える姿が思い出される。

野中氏は、村山政権の誕生によって社会党が安保政策を転換したと同時に、自民党も変わることができたという。著書にこう記している。

「（村山首相の）このリーダーシップは、社会党が冷戦後もそのしっぽをひきずって棚卸しができないでいた問題を解決することになったが、一方で、鏡に映したようにその逆の問題、つまり、自民党が冷戦後もそのしっぽをひきずって棚卸しができないでいた問題を解決することにもなったのである」（注2）

注2　野中広務『私は闘う』（文藝春秋　1996）P132-133

「自民党の棚卸し」戦後50年の国会決議

野中氏が「自民党の棚卸し」と指摘したのが、戦後50年の国会決議だ。自民党内には強い異論があったものの、村山首相の意向もあり、自社さで決議の文案を合意した。

「世界の近代史上における数々の植民地支配や侵略的行為に思いをいたし、我が国が過去に行ったこうした行為や他国民とくにアジアの諸国民に与えた苦痛を認識し、深い反省の念を表明する」

植民地支配や侵略的行為を明確に認めて反省する内容で、過去の自民党政権では考えられなかった内容だ。決議は1995年6月9日の衆院本会議で採択された。ただ、野党の新進党は全員が欠席。自民党でも奥野誠亮、安倍晋三、中川昭一各氏らタカ派の50人が欠席した。

そんな自社さ政権を待ち受けていたのが、国政選挙の試練だった。参院選が7月6日公示、23日投票で実施された。改選は比例区50、選挙区76の計126。自民、社会、さきがけの与党に、前年暮れに発足したばかりの野党・新進党が挑む構図となった。

結果は、比例区で自民15に対して新進が18と健闘。選挙区を合わせた議席は自民46、新進40、社会16、共産8、さきがけ3などとなった。旧公明党の支持母体である創価学会をフル稼働させた新進党が、自民党に迫る勢いを見せ、社会、さきがけは伸び悩んだ。

選挙結果に落胆した村山氏は首相退陣の意向を示し、後継に河野自民党総裁（外相）を推す考えを示唆したが、河野氏は辞退。村山首相の続投となった。河野氏は、生涯で一度だけの「首相へのチャンス」を逃した。

「村山談話」にアジア諸国から評価

それでも村山首相が意地を見せたのが戦後50年の首相談話だ。8月15日に閣議決定された「村山談話」は、過去の戦争について、こう総括した。

「わが国は、遠くない過去の一時期、国策を誤り、戦争への道を歩んで国民を存亡の危機に陥れ、植民地支配と侵略によって、多くの国々、とりわけアジア諸国の人々に多大の損害と苦痛を与えた。私は、この歴史の事実を謙虚に受け止め、あらためて痛切な反省の意を表し、心からのおわびの気持ちを表明する」

中国、韓国をはじめアジア諸国からは歓迎と評価の反応が相次いだ。戦後日本の対外的な意思表示としては画期的なメッセージだった。だが、村山談話をめぐっては、自民党内に不満が残り、歴史認識の問題はなお、日本政治の論点となり続けている。

沖縄の「少女暴行事件」に打つ手なし

村山政権を支えてきた自民党内では大きな変化が起こる。9月の総裁選に小渕派の橋本龍太郎通産相が立候補を表明。同じ小渕派の梶山静六氏が中心となって多数派工作が進められた。現職の河野氏は劣勢に立たされ、出馬を断念。三塚派の小泉純一郎氏が立候補したが、橋本氏が圧勝した。

その秋、私は朝日新聞政治部で外務省キャップに就いた。外務省と防衛庁（現・防衛省）を担当する計5人の束ね役だ。連立与党や自民党などを担当して疲労も溜まっていたので、同僚には「休憩しながら英語でも勉強するか」と話していた。

そうした中、日米安保体制を揺るがす事件が沖縄で起きる。9月4日、沖縄本島北部で米軍兵士3人が少女暴行容疑で逮捕されたのである。沖縄では怒りが広がり、大田昌秀知事は日米地位協定の改正を要求。米軍用地の使用手続きの更新拒否などを表明した。河野外相は遺憾表明を繰り返すが、具体策はない。

私たちは連日、日米安保体制と沖縄の基地負担の問題点を伝えた。冷戦が終わって日本に対する直接の脅威は大きく減じた。しかし、「日本を守る」はずの駐留米軍は減らない。そればかりか、日本人に危害を加える事態が起きた。その負担を過重に背負う沖縄。政治にはその問題を解決する責任がある――。そんな記事を書き続けた。

10月21日、米軍普天間飛行場のある沖縄・宜野湾市で県民総決起集会が開かれ、約8万5000人が参加、米軍基地縮小を訴えた。だが、米国は譲歩の姿勢を見せず、村山政権には打つ手がなかった。

中道・リベラルの意義を示したが……

このころ、村山氏に時折、話を聞いたが、「疲れた。沖縄の問題はこたえる。限界じゃ」とため息をつくことが多くなった。村山政権には翌年の通常国会を乗り切る体力は残っていなかった。

年が明けて96年1月5日、村山首相は退陣を表明した。その心境を「正月の青空を見ながら、与えられた歴史的役割をある程度果たしたと思い、決意した」と淡々と語った。

自民党と社会党が連立するという「禁じ手」でスタートした村山政権だが、戦後50年の「村山談話」や、原爆被害者の遺族に給付金を支給するなどの被爆者援護法、水俣病の未認定患者の救済策など、自民党では踏み切れなかった政策を実現し、中道・リベラルの意義を示した。しかし、相次ぐ事件・事故や安全保障をめぐる米国との意見の隔たりなど、政権を襲った荒波に抗しきれず、1年半で力尽きた。

そして、次の政権は自民党総裁の橋本龍太郎通産相に引き継がれた。

8 火だるま行革に突き進んだ橋本政権の成果と挫折

孤独を楽しむ「キザ」な政治家

1996(平成8)年1月11日の衆院本会議の首相指名選挙で、自民、社会、新党さきがけが推す橋本龍太郎自民党総裁が、新進党の党首に選ばれたばかりの小沢一郎氏を退けて新首相に選ばれた。自民党の田中、竹下派でライバルとして競い合ってきた二人は、与野党に分かれて対峙《たいじ》することになった。

橋本氏は1937年生まれ。大蔵官僚から政界に転じた父・龍伍氏のあとを継いで1963年に衆院初当選。社会保障政策に通じ、大平正芳内閣の1978年には厚相に就いた。自民党の行財政調査会長を務め、行財政改革をライフワークにしていた。

世間の注目を集めたのが、宇野宗佑政権で自民党幹事長を務めた時だ。1989年の参院選では、不人気だった宇野首相に代わって全国を飛び回り、そのさっそうとした姿もあって「龍様ブーム」を呼んだ。その後、蔵相、通産相と主要閣僚を経験した。

私は、橋本氏が竹下政権で幹事長代理を務めていた時に担当となり、幹事長の時も全国遊説に同行して取材した。群れずに孤独を楽しむ、「キザ」という言葉が合う政治家だった。

最初の関門となった「住専問題」

橋本首相は、政権の要である官房長官に梶山静六元自民党幹事長を起用した。幹事長経験者が、首相の下で働く官房長官に就くのは極めて異例で、「大物官房長官」梶山氏の差配が注目された。幹事長は加藤紘一氏、政調会長は山崎拓氏がそれぞれ続投。梶山氏と共に政権を支えることになった。

橋本政権がまず、迎えた関門が「住専問題」だった。

1980年代後半のバブル経済の最中《さなか》に住宅融資専門会社（住専）が乱立、中央省庁から多くの官僚が天下った。90年代になってバブルが崩壊すると、住専は多額の不良債権を抱えたが、住専には農林関係の公的金融機関が多額の融資をしており、破綻すれば、農林関係をはじめ深刻な影響が出る。そこで、住専に公的資金という名の税金を投入して救済しようということになった。村山富市政権が編成した96年度予算案には、住専救済策として6850億円が計上され、橋本政権が引き継いだ。

小沢氏率いる新進党は「税金の無駄遣いだ」と強く反発。96年3月には、住専処理を盛り込んだ予算案の可決を阻止するために、国会議事堂の3階にある衆院予算委員会の部屋の前に議員たちが座り込んだ。

最終的には梶山氏らが与野党の歩み寄りを模索。①住専の予算は制度を整備してから処理する②住専論議のための特別委員会を設置する、などの点で折り合った。約20日間続いた新進党の座り込みは解除され、公的資金の投入も実現することになった。しかし、バブル崩壊に伴う痛手は住専にとどまらず、橋本政権を苦しめ続ける。

就任早々に合意した「普天間返還」だが……

橋本首相は就任早々、沖縄問題に着手した。前年に起きた少女暴行事件で、沖縄の反米軍基地感情はかつてない激しい高まりを見せていた。沖縄の基地負担の象徴とも言える米軍普天間飛行場の返還はできないか。1月に米・カリフォルニア州のサンタモニカで行ったクリントン大統領との首脳会談で首相は「普天間返還」を持ちかけたが、米側は明確な返答を避けていた。

橋本首相は、当時の林貞行外務事務次官に「普天間を動かしたい。知恵を出せ」と指示。林氏は北米局審議官だった田中均氏に「やってみろ」と米側との交渉を命じた。田中氏は米国防総省のキャンベル次官補代理（東アジア担当）と密かに折衝を重ねた。

宜野湾市の市街地にある普天間飛行場の危険性については、米国内でも問題視されていた。3月、田中氏は「沖縄県内への移設なら可能」という手応えを得て、橋本首相に報告した。4月12日、日経新聞が「普天間5年以内に返還」をスクープ。同日夜には橋本首相とモンデール駐日大使が記者会見して「5～7年以内の返還」を発表した。

沖縄の基地問題の大きな前進である。ただ、その後、沖縄では普天間飛行場の移設をめぐって対立が続いた。名護市辺野古への移設が決まったものの、県内移設への反対は根強く、新基地完成までの道のりは険しい。橋本首相は「返還」を打ち上げたのだが、現実には「移設」だったことも、沖縄の失望の一因となっている。

日本の安全保障を変質させた日米安保共同宣言

1996年4月にはクリントン大統領が訪日。橋本首相との首脳会談で「日米安全保障共同宣言」を発表した。沖縄の米軍基地の整理・統合・縮小をめざす一方で、日本が日本周辺や極東にとどまらず、アジア・太平洋の平和と安全に貢献するため米国との協力を進めるという内容である。日米安保体制は従来、日本の防衛について「日本が基地提供というコストを負担し、有事には米国が軍事行動をとるリスクを負う」といった補完関係を維持してきた。しかし、冷戦が終わり、ソ連の脅威がなくなった中で、米国が「共産主義に対する橋頭堡《きょうとうほ》としての日本を守る」意味は薄らいでいた。

かといって米国が日本を含めた東アジアから撤退すれば、中国の台頭などで東アジアの情勢はむしろ不安定になる。米国を引き留めつつ、安全保障面での日本の役割を拡大する方策は何か——。田中氏や米国のジョセフ・ナイ国防次官補ら日米の外交・安全保障担当者が知恵を絞ったのが、この安保共同宣言だった。

しかし、安全保障に関する日本の関与がアジア・太平洋全体に及ぶという姿勢は、その後の自衛隊の海外派遣に道を開くことになる。日本の安全保障の変質につながることは、橋本首相さえ覚悟していなかった。

「第3極」民主党の旗揚げ

私はその夏、ワシントン特派員になるための留学で米国へ赴任した。ワシントンのジョージタウン大学で語学などを学び、年明けからは特派員として米国政治や日米関係などを取材した。この間はワシントンから日本政治をながめていた。

永田町では、前回衆院選（93年7月）から3年が過ぎ、与野党とも小選挙区比例代表並立制という新たな選挙制度の下で初めての選挙の準備に入っていた。橋本首相は、9月27日に召集された臨時国会の冒頭で衆議院を解散。10月8日公示、20日投票となった。

自民党対新進党という二大政党の対立構図が定まりつつある中で、「第3極」が動き出した。解散の翌日、東京都内で結党大会を開いた民主党。新党さきがけにいた鳩山由紀夫、菅直人の二氏が共同代表となり、自民、新進両党の間に割って入る構図となった。民主党には、社民党（96年1月に社会党から党名変更）やさきがけから、前衆院議員52人と参院議員5人の計57人が参加。ただちに選挙活動に入った。

争点は省庁再編と消費増税

総選挙では省庁再編が大きな争点となった。橋本首相が「22省庁の半減」を打ち出したのに対して、新進党は「22省庁をまず15省庁に整理し、最終的には10省に再編。国家公務員は25%削減する」と公約。また、消費税については、自民党が予定通り97年4月から3%を5%に引き上げると訴え、新進党は3%に据え置くとした。引き上げを決めた94年、村山政権時に与党にいた議員が多い民主党は、「引き上げはやむを得ない」との態度だった。

総選挙（選挙区300、比例区200の計500議席）の結果は、以下の通り（カッコ内は議席の増減）

自民＝239（28増）▽新進＝156（4減）▽民主＝52（増減ゼロ）▽共産＝26（11増）▽社民＝15（15減）▽さきがけ＝2（7減）▽民主改革連合＝1（1減）

自民党は過半数（251）には届かなかったものの、第一党の座を守って政権を維持し、社民、さきがけとの連立も続くことになった。政権交代を訴えた新進党は伸び悩んだ。

高揚感にあふれていた加藤紘一幹事長

投票直後、私がワシントンから加藤紘一幹事長に電話したら、こんな反応が帰ってきた。

「これは歴史的勝利だ。消費税を上げると約束した自民党が、上げないと言う野党、新進党に勝ったのだから。自民党はポピュリズム、人気取り政治に勝利したわけだ。そして小沢が選挙に強いという神話も打ち破ったよ」

幹事長として取り仕切った総選挙を乗り切ったという高揚感にあふれていた。加藤氏のその後の歩みを考えると、この頃が政治家としての絶頂期だったといえる。

第2次橋本内閣の発足に向けて、自民、社民、さきがけは連立協議を進めた。その結果、社民、さきがけは、政権にはとどまるものの閣僚は出さない「閣外協力」となった。自民党にとっては3年ぶりの単独内閣だが、単独では衆院で半数を割り込むという不安定さをかかえたスタートとなった。

財政再建を進めた梶山静六官房長官

橋本首相は行政、経済構造、金融システム、財政構造、社会保障の5大改革を打ち出し（後に教育を加えて6大改革に）、政策の具体化に入った。一方、梶山官房長官は「俺は省庁削減などの組織いじりに関心はない」と公言し、与謝野馨官房副長官と共に財政構造改革による財政再建を進める。中曽根康弘、竹下登、宮沢喜一、村山富市各氏ら歴代首相を集めて「財政構造改革会議」を新設。97年1月21日に初会合を開いた。首相官邸の権限に首相経験者の権威を加え、実務は大蔵省主計局が担った。

同会議は6月に最終報告をまとめ、閣議決定にこぎ着けた。①1998~2000年の3年間を集中改革期間とする②3年間で公共事業は15%削減する③社会保障費の伸びを2%以下にとどめる、などが柱。歳出カットに抵抗する自民党の族議員を押さえ込み、財政再建への道筋を示した点では意義のある内容だった。

裏目に出た佐藤孝行氏の閣僚への起用

97年9月の自民党総裁選を無投票で乗り切った橋本首相は、内閣改造・党役員人事に着手。改造内閣は9月11日に発足した。加藤幹事長、山崎拓政調会長は続投したが、梶山官房長官の辞任を認め、同じ小渕派の村岡兼造氏を後任に充てた。

問題は、佐藤孝行氏を総務庁長官に起用したことだった。佐藤氏は1976年のロッキード事件に絡んで受託収賄容疑で逮捕、起訴され、有罪が確定していた。佐藤氏が長く仕えてきた中曽根康弘元首相の要請を橋本首相が受け入れた人事だが、想像を超えた反発を招いた。野党だけでなく、連立与党を組む社民党からも批判が噴出し、佐藤氏は9月22日に辞任した。

梶山氏が閣外に去ったことも政権を揺るがせた。梶山氏は中曽根氏ら自民党の保守系勢力と共に新進党の小沢党首との連携を探る「保・保派」で、社民、さきがけとの協力を重視する加藤氏ら「自社さ派」と対立してきた。橋本首相は両勢力の均衡の上に乗っていたが、そのバランスが崩れ始めたのである。くわえて、佐藤氏の辞任劇は大衆人気が売りだった橋本首相が、民意と離れてきた実態も映し出した。

外相として存在感を見せた小渕恵三氏

この内閣改造では、小渕派の会長で橋本氏と同期の小渕恵三氏が外相に起用された。小渕氏は、外務省の事務当局が米国への配慮から難色を示していた対人地雷禁止条約の署名を決断。「日本は米国に気兼ねせず、独自の判断をすればよい」と平然と語るなど、存在感を見せていた。

橋本首相が政権の勢いを取り戻すために取り組んだのが、「省庁再編」という行政改革だった。首相官邸の権限を強化するとともに、1府21省庁を1府12省庁に再編するのが柱だ。

具体的には①首相官邸直属の内閣府を新設②建設省、運輸省、国土庁を国土交通省に統合③厚生省、労働省を厚生労働省に統合④自治省、郵政省を総務省に統合④大蔵省を財務省に改名、といった内容だ。各省庁や自民党の族議員には抵抗もあったが、橋本首相が押し切った。橋本首相をそばで支えたのが、首相の政務秘書官だった江田憲司氏だ。橋本氏が通産相の時に秘書官に起用され、橋本氏が気に入り、首相就任に伴って、政務秘書官に就いていた。江田氏は、省庁再編に抵抗する自民党の族議員や霞が関の官庁を抑えつけ、「官邸の森蘭丸」と言われた。

省庁再編の関連法案は1998年2月に国会に提出され、6月に成立した。自民党の行財政調査会長を長く務め、「行革のプロ」を自任していた橋本首相の本領が発揮された。

時代の要請とのズレが広がる橋本政権

だが、当時の日本経済は、バブルの崩壊と消費増税で悲鳴を上げていた。97年11月には三洋証券と北海道拓殖銀行が相次いで破綻《はたん》。さらに山一証券が自主廃業に追い込まれるという事態に陥った。山一証券の野澤正平社長が「社員は悪くありませんから」と叫ぶ姿がテレビで流れ、日本中に衝撃を与えた。それでも橋本首相は「火だるま行革」を唱え、経済の建て直しよりも省庁再編に政権のエネルギーを注いだ。

梶山氏は、政権に復帰した自民党が大胆な改革を打ち出して実践すべきだと思っていたのに、橋本政権ではかなわなかったと、自責の念を込めてこう振り返っている。

「政権に復帰した自民党には、万年与党時代の最も悪い部分の癖が出た。ハードランディングを嫌い、その場その場の対症療法でお茶を濁そうという悪癖である」（注）

大胆な経済改革に踏み出さず行革に邁進《まいしん》する橋本政権と、経済再建や景気回復を求める時代の要請とのズレがじわじわと広がっていた。それが98年夏の参院選の民意で示されることになる。

話は前後するが、橋本政権の下で最大の「危機管理」は在ペルー日本大使公邸人質事件だった。1996年12月17日（日本時間18日）、南米ペルーの首都リマにある日本大使公邸を武装グループが襲い、青木盛久大使ら約600人を人質にして立てこもった。天皇誕生日の祝賀パーティーを狙った犯行だった。

人質は段階的に解放されたが、青木大使ら72人が残された。武装グループは刑務所にいる仲間の解放などを要求したが、ペルーのフジモリ大統領はこれを拒否。緊迫する中、折衝が続けられた。結局、事件発生から127日後の97年4月22日、ペルー軍の特殊部隊が公邸に強行突入して制圧。人質は全員無事、解放された。

同じ頃、野党は混迷を深めていた。96年10月の衆院選で伸び悩んだ新進党は解党の道を歩んだ。

小沢党首の政治手法に対して、羽田孜元首相らが「独断専行」と批判。12月には羽田氏や奥田敬和元自治相、熊谷弘元官房長官ら衆参の議員13人が離党して太陽党を結成した。その後も新進党内の対立は続き、97年12月18日には党首選で対立候補の鹿野道彦氏を退けた小沢党首は27日、突然「解党」を宣言した。

小沢氏としては、政権交代可能な勢力をめざしたが、めどが立たないため、新たな枠組みを作るのが得策と判断したのだろう。党内は大混乱し、小沢氏らは自由党、鹿野氏らは「国民の声」を結成。公明党出身者は「新党平和」などに分かれた。その後、鹿野氏らは羽田氏らと「民政党」をつくり、98年4月には鳩山、菅両氏が率いる民主党に合流する。

自民党に対抗する勢力としてスタートした新進党は、わずか3年で消滅し、民主党が二大政党の一翼を担うようになってきたのである。

注　梶山静六『破壊と創造　日本再興への提言』（講談社　2000）P16

9 冷めたピザ？　凡人・小渕首相のしたたかな実像

参院選前の不思議な体験

1998（平成10）年6月までの通常国会で、念願の省庁再編法の成立を成し遂げた橋本龍太郎首相は、夏の参院選を乗り切り、次の政策課題に取り組む準備を進めていた。メディアの世論調査も、橋本首相率いる自民党の「優勢」を伝えていた。

実はこの参院選をめぐって、私はある情報を得ていた。

前年の97年11月、当時外相だった小渕恵三氏が国際会議に出席するためにカナダのバンクーバーを訪れた。当時、ワシントンのアメリカ総局にいた私も会議の取材に加わった。

小渕氏から「メシでも食おう」と誘われて、中華料理を食べていた時のことだ。私が「参院選は安泰で、橋本首相の続投ですか」とたずねたら、小渕氏が声を潜めて、「いや、そうでもないんだ」と言う。「経済情勢が悪く、橋本君に逆風が吹くかもしれない。俺も準備をしておかないと」と、小渕氏にはめずらしく、首相の座に意欲を示した。

さらにもう一つ。特派員勤務を終えた私は98年4月に帰国、政治部のデスクとして国内政治の取材を再開した。5月になって、旧知の大蔵省幹部が政局の行方について話したいという。会ってみると、「大蔵省の分析では、経済情勢が悪く、参院選で自民党の苦戦が避けられない。橋本首相の続投は難しい。その場合、後継は小渕外相だと思う」と言う。

背後で動いていた竹下登元首相

後に明らかになるのだが、小渕氏と大蔵省幹部の動きの背後にいたのは、竹下登元首相だった。竹下氏は独自の情報を入手し、経済情勢が悪化し、参院選で自民党は苦戦すると読んでいた。その見通しを、愛弟子の小渕氏と、長年、蔵相を務めて影響力のある大蔵省に伝えていたのだ。小渕氏には「首相への準備」さえ示唆していた。

確かに、経済情勢は深刻だった。97年4月に消費税率が3%から5%に引き上げられたことで、消費は激減。9月に発表された4−6月の国内総生産（GDP）はマイナス2・8%、年率換算ではマイナス11・2%という落ち込みで、その後も回復力は弱かった。

参院選に向けて、政府・自民党内では景気対策のための所得税減税が叫ばれた。橋本首相も当初は「恒久的な減税が必要」と述べていたが、選挙戦終盤で、発言が大きくぶれた。

7月5日、テレビ朝日の『サンデープロジェクト』に出演した橋本首相は、キャスターの田原総一朗氏に減税問題で詰め寄られ、「恒久減税のところもあれば、負担をお願いするところもある」などと曖昧《あいまい》な答えに終始したのである。表情にも余裕がなく、メディアは「目立つ歯切れ悪さ」（7月6日付毎日新聞）と伝えた。

自民党が惨敗、橋本首相退陣へ

12日の投票日。自民党は改選前の61議席を大きく下回る44議席にとどまった。非改選を合わせた勢力は102議席で、参院の過半数（126議席）は、さらに遠のいた。前年に解党した新進党の勢力が合流したばかりの新・民主党は27議席と健闘。共産党も15議席を獲得し、公明党の9議席を上回った。

自民党の敗因は、低迷する景気に有効な対策が打ち出せなかったこと、橋本首相の発言がぶれたことだった。投票率は3年前の44・5％から55・8％に跳ね上がり、無党派層の多くが橋本自民党への批判に動いたことを示していた。

橋本首相の進退をめぐる自民党内の動きは素早かった。投票日の夕方、村岡兼造官房長官が東京・代沢の竹下登元首相の自宅を訪問。マスコミの出口調査などから自民党の惨敗は避けられないことを報告した。竹下氏にはすでに、橋本氏から「退陣」の意向が伝えられていた。竹下氏は「橋本退陣、後継は小渕」で、得意の根回しを進めた。

加藤紘一幹事長、野中広務幹事長代理ら橋本首相を支えてきた「自民、社民、さきがけ連携派」にとっても、小渕首相は好都合だった。小渕派幹部の梶山静六氏たちは自由党の小沢一郎氏らとの「保・保連合」をめざしていた。参院選の敗北を受け、梶山氏らが橋本・加藤執行部の責任を追及、主導権を奪おうとしていた中で、小渕氏なら「自社さ派」の主導権は維持できるし、梶山氏も抑え込めるからだ。

軍人、凡人、変人の争いになった総裁選

7月13日、橋本首相は退陣を表明。翌14日の派閥の幹部会で梶山氏は「小渕氏擁立」に異を唱えなかったのだが、15日になって総裁選出馬を表明した。竹下氏譲りの「調整型」の小渕氏では大胆な経済改革はできないという思いが、梶山氏を駆り立てた。

梶山氏は小渕派を離脱。河野洋平、江藤隆美、粕谷茂各氏らベテラン議員も梶山氏を支援した。衆院当選1回の菅義偉氏（後に官房長官）も、小渕派を離れて梶山氏と行動を共にした。

総裁選には、三塚派の小泉純一郎氏も出馬を表明。結局、梶山、小渕、小泉の3氏の争いになった。当時、自民党衆院議員だった田中真紀子氏は3氏を「軍人、凡人、変人」と評し、話題となった。

「口下手」小渕氏が圧勝

テレビ討論では、「口下手」と本人も認める小渕氏は劣勢だった。それでも、最大派閥の小渕派が全面的に支え、党内の実力者になっていた加藤紘一幹事長、山崎拓政調会長らが支援した小渕氏の優勢は崩れなかった。

7月24日、衆参の国会議員367人に都道府県連の代表47人を加えた414人による投票が行われる。結果は、小渕氏が225票、梶山氏が102票、小泉氏が84票で、小渕氏の圧勝となった。

小渕氏は1963年に衆院初当選。総理府総務長官などを経て、竹下内閣で官房長官。その後、党幹事長、副総裁、外相などを歴任した。中選挙区制時代の選挙区、群馬3区では、福田赳夫、中曽根康弘両元首相に挟まれて苦労を重ねた。小渕氏本人も「米ソ両大国に挟まれた日本と同じ」「ビルの谷間のラーメン屋」と自嘲気味に語っていた。

竹下氏を師と仰ぎ、他派閥の議員とも交流を重ねた。また、公明党を支える創価学会の秋谷栄之助会長とは、早稲田大学の同窓という縁もあり、太いパイプを持っていた。それが政権維持に役立ってくる。

海外メディアから「冷めたピザ」との評も

7月30日、衆院本会議で首相指名を受けた小渕氏は組閣に着手。官房長官に小渕派の野中広務元自治相を据えた。経済の再生を最優先課題に掲げ、首相経験者である宮沢喜一氏を蔵相に、評論家の堺屋太一氏を経済企画庁長官に起用。また、「総裁枠」として自民党の若手、野田聖子氏を郵政相に、元東大総長の有馬朗人《あきと》氏を文相に抜擢した。異例かつ大胆な人事だった。

自民党幹事長には、早稲田大学雄弁会OBの仲間でもある森喜朗氏を起用した。これにより、森氏は首相候補の一角を占めることになる。

だが、地味な性格もあって、小渕首相の知名度はいま一つ。海外メディアからは「冷めたピザ」と評された。本人は「ピザも温めて食べるとうまい」と切り返したり、外相時代にカウンターパートだった米国のオルブライト国務長官からは「私は冷めたピザが好き」とのメッセージが寄せられたりしたが、政権発足当初の世論調査では支持率が3割程度と低水準にとどまった。

金融危機めぐり「政策新人類」が活躍

小渕政権の緊急課題は、金融危機の回避だった。1997年暮れの山一証券の自主廃業に続いて、こんどは日本長期信用銀行（長銀）の経営危機が迫っていた。小渕首相は首相公邸で住友信託銀行の高橋温《あつし》社長と直談判。長銀救済のため合併するよう求めたが、受け入れられなかった。

国会では、税金投入による長銀救済を狙った金融再生関連法案に野党の民主党が反対し、膠着《こうちゃく》状態が続いた。衆議院では自民党など与党が過半数を占めていたが、参議院では少数与党という「ねじれ」が続いており、政府・与党の法案は通らないのだ。そこで動いたのが、自民党の塩崎恭久、石原伸晃、民主党の仙谷由人、枝野幸男各氏ら超党派の議員だった。

彼らによって修正協議を進められ、金融機関の清算や一時国有化を柱とする民主党案を自民党が「丸のみ」することで決着。日本発の世界金融危機は回避された。修正協議に当たった議員たちは、大蔵省に頼らない独自の手法で法案づくりを進め、「政策新人類」と呼ばれた。

念頭にあった公明党との連立

小渕首相は、思いつくとすぐに電話をかける習癖があった。その癖は首相就任後も変わらず、

「ブッチホン」と言われた。野中官房長官からは「首相なのだから、やめた方がいい」と進言されたが、当の本人は「ブッチホンは民意を測る温度計だ。生の声を聞くことで、世の中の様子が分かる」と譲らなかった。

私も何度も経験した。新聞社のデスクにかかってきた電話を受けたアルバイトの学生は、首相からの電話にびっくりしていた。そんなブッチホンの一つ、金融再生関連法案で与野党が合意した直後の電話で、小渕氏はこう話した。

「参院で与党が少数という事態を変えないとどうにもならない。俺はこだわりがないから、何でもできる」

その時、小渕氏の念頭にあったのは、野党の公明党（新進党分裂で「公明」と「新党平和」に割れていたが、98年11月に公明党に再統合）との連立だった。自民と公明が連立すれば、参議院で過半数を確保でき、衆参の「ねじれ」が解消される。

自自連立で「座布団」を用意

小渕氏が「こだわりがない」と言うのには背景があった。中選挙区時代のライバル、福田、中曽根両元首相は、ともに高級官僚出身のエリート。選挙区では伝統的な自民党系の組織に支えられ、中央政界でも公明党・創価学会とはあまり縁がなかった。これに対し、「ビルの谷間のラーメン屋」を自称する小渕氏は、公明党・創価学会とも気さくに接触していた。ちなみに公明党との太いパイプは、自民党内では新興勢力だった田中・竹下派の他のメンバーにも共通している点である。

小渕首相は旧知の秋谷栄之助・創価学会会長の感触を探った。野中官房長官は公明党の冬柴鉄三幹事長に打診した。しかし、公明党・創価学会側は難色を示す。「いきなり自民党と連立することには党内の反発が強い」という。ただ、冬柴氏は野中氏に「自民党と公明党との間に座布団を挟んでくれれば、どうにかなる」とも伝えていた。

つまり、自民党がまず小沢一郎氏率いる自由党と連立し、その後に公明党も加わる形なら可能だというのだ。

野中氏は直ちに動いた。竹下派の分裂抗争の時は「悪魔」と呼んで非難した小沢氏との和解を、野中氏は「ひれ伏してでもお願いしたい」と懇願。結局、1998年11月19日、小渕首相と小沢自由党党首は連立に合意した。「自自連立」という形で、座布団が用意されたのである。

自民党との連携の機会をうかがっていた公明党

ここで、公明党について触れておこう。

1964年に平和と福祉を旗印に掲げ、創価学会を母体に設立された。野党の社会党、民社党とともに自民党に対抗する社公民路線を歩んだが、1980年代末からは自民党との連携を強め、自公民路線と呼ばれた。衆議院に小選挙区制を導入する政治改革の中で、政党が二大勢力に収斂していくことが予想されるなか、公明党は小沢氏主導の非自民勢力に加わり、細川護煕・羽田孜両政権を支えた。

さらに、自民党に対抗する新進党でも、公明党勢力は中核的な役割を果たした。だが、自民党から「政教分離」問題をめぐって執拗な攻撃を受け、創価学会は危機感を募らせていた。新進党の解党後は、自民党との連携の機会をうかがっており、公明党・創価学会と縁の深い小渕政権は、公明党にとって自民党との連立に加わる好機だった。

自自連立の発足後、公明党は国会運営で自民党との協力を深めていく。99年の通常国会では、①日本周辺での有事に自衛隊が米軍の後方支援を可能にする周辺事態法案②限定付きで捜査機関による通信傍受ができるようにする法案③日の丸・君が代を国旗・国歌と定める法案、などが、自自公の賛成で次々と可決・成立した。

自公協力の原点をつくった小渕首相

こうした成果を背景に内閣支持率も徐々に上向き、99年秋の自民党総裁選での小渕氏の再選は確実視されていた。
このころ、小渕首相と話した時、新聞の切り抜きを見せられたのを思い出す。「世間はよく見ている。油断大敵だ」と、小渕氏は笑っていた。切り抜きの川柳欄にはこうあった。
――やるじゃない　やりすぎじゃない　小渕さん
公明党は99年7月の臨時党大会で自民党との連立を決定した。10月には小渕首相、小沢自由党党首、神崎武法公明党代表が連立政権に合意。自自公政権が正式にスタートした。

自民党と公明党との連立はその後もずっと継続し、国会運営だけでなく、国政選挙や地方選挙でも自公協力が威力を発揮してきた。いまや自民党政権は公明党との協力抜きでは成り立たない。

その原点は、小渕首相による公明党・創価学会の取り込みだったのである。

10 志半ばで逝った「外交」の小渕首相そして森政権発足

加藤紘一氏に圧勝し自民党総裁に再選

1999（平成11）年10月の自民、自由、公明の連立政権合意に先がけて、小渕恵三首相は同年9月の自民党総裁選で再選を果たす。相手は加藤紘一、山崎拓両氏。二人はそれぞれ橋本龍太郎政権で幹事長、政調会長を長く務め、党内の実力者になっていた。

加藤氏は宮沢喜一元首相に代わって宏池会の会長に就き、山崎氏は旧渡辺派を割って独自の派閥、山崎派を率いていた。二人は小泉純一郎氏と共に「ＹＫＫ」と呼ばれるグループをつくり、小渕派に対抗してきた。

党内の大勢は小渕氏続投支持だった。加藤派の古賀誠・国会対策委員長は、加藤氏に「ここは小渕氏に恭順の意を示した方がよい」と出馬見合わせを進言していた。だが、加藤氏は「この総裁選は政策討論の場だ」といった軽い気持ちで立候補した。これに対し小渕氏は、私の取材に「総裁選は権力闘争の場だ。加藤君たちは俺を追い落とそうとしている」と厳しい反応を見せていた。

9月21日に行われた総裁選は、党員投票を含めて、小渕氏３５０票、加藤氏１１３票、山崎氏51票となり、小渕氏の圧勝に終わった。

官房長官に青木幹雄氏を登用した因縁

総裁選後の党役員人事で、小渕氏は森喜朗幹事長を続投させ、総務会長には加藤派の池田行彦元外相を起用した。池田氏は加藤氏の派閥の一員だが、互いに反目しあっていた。加藤氏は抗議したものの、小渕氏は受け入れず、人事を押し通した。「人柄の良さ」で知られる小渕氏だが、政局運営では激しい面を持つことを示す出来事だった。

この時の内閣改造で注目されたのは、官房長官が野中広務氏から青木幹雄・自民党参院幹事長に交代したことだ。青木氏は竹下登元首相の秘書から、島根県議を経て参院議員になった。早稲田大雄弁会では小渕氏の先輩にあたる。

青木氏から聞いたエピソードがある。

竹下政権が発足した1987年。官房長官の座をめぐって、竹下派幹部が競い合っていた。候補は、小渕氏、政策通の橋本龍太郎氏、剛腕の小沢一郎、梶山静六の両氏、人格円満の羽田孜氏らである。迷った揚げ句、竹下氏は青木氏に助言を求めた。青木氏は「小渕さんは絶対にあなたを裏切らない」と即答。小渕官房長官が実現した。

小渕首相が、参院議員の青木氏を官房長官に据える異例の抜擢をしたのは、「竹下内閣の時の人事にこたえる意味もあったのではないか。律義な小渕さんらしい」。そう青木氏は受け止めている。

金大中・韓国大統領と未来志向の関係構築を確認

内政では衆参の「ねじれ」に苦しんだ小渕政権だが、外交では大きな成果をあげている。まずは首相就任間もない1998年10月の金大中・韓国大統領の日本訪問である。

首脳会談で小渕首相は「わが国が過去の一時期、韓国国民に対し植民地支配により多大の損害と苦痛を与えたという歴史的事実を謙虚に受け止め、これに対し、痛切な反省と心からのおわびを述べる」と「おわび」を明言。金大統領は「韓日両国が過去の不幸な歴史を乗り越えて和解と善隣友好協力に基づいた未来志向的な関係を発展させるためにお互いに協力することが時代の要請」と述べた。両国首脳が歴史問題に区切りをつけて、未来志向の関係を築くことを確認した歴史的な会談となった。

金大統領は、韓国で禁止されていた日本の映画や歌謡曲などの文化を開放することも約束。日韓の文化交流に弾みをつけた。

日韓関係はその後、今にいたるまで慰安婦や徴用工の問題をめぐって揺れ動くが、小渕、金大中両氏の首脳会談は、国と国とが難しい関係にあっても、政治指導者の決断次第で大きく改善できるという「外交のダイナミズム」を印象づけた。金大統領は国会で演説し、戦後の日本の歩みを評価するとともに、韓国の民主化について「奇跡は奇跡的に訪れるものではない」と強調し、衆参両院の国会議員から大きな拍手を浴びた。

厳しい態度で向き合った江沢民・国家主席

一方、同年11月に訪日した中国の江沢民・国家主席に対しては、小渕首相は厳しい態度で向き合った。日中首脳会談に向けて、中国側が歴史問題での「おわび」を共同宣言で文書化するよう求めたのに対し、日本側は中国との歴史問題は1992年の天皇訪中で区切りをつけたとの認識を示して文書化を拒否。小渕首相が首脳会談の中で、口頭で「おわび」を述べることで決着した。

小渕首相は、韓国が金大中大統領の訪日で歴史問題に区切りをつける姿勢だったのとは対照的に、中国は歴史問題を対日外交のカードとして持ち続けようとしていると判断。中国には譲歩できないと考えていたのだ。

小渕氏は、私にこう語っていた。「中国に妥協すると、梶山君たちがうるさい」。最初の総裁選で争った梶山静六元官房長官は、自民党内の保守派と連携して小渕氏らに対抗していた。そうした「政局的観点」からも中国に譲歩はできなかったというのだ。

それでも、小渕首相は中国との対話を重ねた。その成果は、翌99年11月にマニラで開かれた東南アジア諸国連合（ＡＳＥＡＮ）主催の首脳会談で実る。この場で小渕首相、朱鎔基・中国首相、金大中・韓国大統領との日中韓サミットが実現。歴史問題を抱える三国の首脳が一堂に会し、北東アジアの安全保障や経済問題を話し合う枠組みが整った。この会合は、３カ国の首脳による対話の貴重な場として今も続いている。

サミットの沖縄開催にかけた執念

そして、小渕首相にとって大きな決断となったのが、2000年サミット（主要国首脳会議＝G8）の沖縄開催であった。

1999年春、日本国内では北海道、大阪、福岡、宮崎、沖縄など多くの自治体がサミット誘致に手を挙げていた。外務省や警察庁などが参加国の要望、警備体制などの観点から調査を進め、福岡、大阪が高い評価を得ていた。

沖縄については、アメリカが難色を示していた。当時、外務省は小渕首相に次のように説明していた。

「クリントン大統領は、①在日米軍基地が集中している沖縄の様子が世界にさらされる②ロシア（当時はG8メンバー）に米軍基地の実情を見せれば「手の内を明かす」ことになる――ことを懸念しています」

しかし、小渕首相は粘った。

フォーリー駐日米国大使と接触。クリントン大統領の本音を探った。フォーリー氏は元下院議長で、小渕氏が日米議員交流の日本側メンバーだった時からの友人だ。99年4月、フォーリー氏から「大統領は小渕首相が沖縄で開催したいと言うなら、その意向に従う」との回答があった。小渕氏はさらに、ワシントンにいる斎藤邦彦駐米大使にアメリカ側の意思を確認させた。斎藤氏の返事は「ホワイトハウスは小渕首相の判断を尊重する」だった。4月28日夜、小渕首相は沖縄開催を決断。

翌29日に野中広務官房長官が発表した。

涙を浮かべて沖縄の苦悩を語る

小渕首相は沖縄にこだわりがあった。早稲田大の学生時代から、アメリカの統治下にあった沖縄に通って、交流を重ねている。当時、日本と沖縄を行き来するにはパスポートが必要だった。石油販売会社などを経営していた稲嶺一郎氏の自宅に泊めてもらい、沖縄の各地を歩いた。98年、小渕政権が誕生した直後の沖縄県知事選で初当選した稲嶺恵一氏は、一郎氏の子息。恵一氏の当選を小渕氏は喜んでいた。

小渕氏が沖縄を語る時、必ず触れるのが旧日本海軍の大田実司令官の話だった。大田司令官は米軍との激戦で玉砕を覚悟。沖縄戦で自決する直前の1945年6月6日、海軍次官宛ての電報にこう記した。

「沖縄県民かく戦えり。県民に対し後世特別の御高配を賜らんことを」

沖縄での戦いでは、20万人もの犠牲者が出た。沖縄は戦後、アメリカの占領下に置かれた。小渕氏は、しばしば「大田司令官の思いを忘れてはいけない」と話していた。沖縄の苦悩を語る時、小渕氏の目に涙が浮かぶこともあった。

そうした思い、執念が、沖縄サミットの決断につながっていた。

小渕首相と波長があったクリントン米大統領

沖縄サミットの開催を発表した直後、小渕首相はアメリカに向かった。ロサンゼルス、シカゴに立ち寄った後、ワシントンでのクリントン大統領との首脳会談に臨んだ。クリントン氏は小渕氏と波長があったようで、後に書いた回顧録でこう述べている。

「私は小渕が好きだった。彼なら混乱する日本の政治をおさめることができる、数年間は首相を務められると思っていた」（注）

クリントン氏は2000年6月、東京の武道館でとり行われた小渕氏の内閣・自民党合同葬に参列。小渕氏が心血を注いだ同年7月の沖縄サミットにも出席して、沖縄の人々と交流した。炎天下の沖縄で握手に応じるクリントン氏のネクタイが汗でびっしょり濡れていたのを、私は目撃している。

注　Bill Clinton『My Life』（Knopf 2004）　P827

自民党を揺さぶる自由党の小沢一郎氏

外交では多くの成果をあげた小渕政権だが、自自公連立の足元は揺らいでいた。自民、公明両党の蜜月に自由党の小沢一郎氏は危機感を募らせ、自民党に難題を投げかけたのだ。連立合意のうち、衆院の議員定数削減（比例20、選挙区30）の早期実現を迫った。

選挙区での勝利が難しい公明党は、比例区での議席確保が生命線だ。このため、比例区の定数削減には抵抗が強かった。自民党は99年秋の臨時国会では定数削減を先送りしたが、これに小沢氏が連立離脱をちらつかせて反発。翌2000年1月からの通常国会冒頭で比例定数削減が実現した。

小沢氏の揺さぶりはさらに続いた。次期総選挙に向けて自民、自由両党の公認調整を急ぐよう要求したが、自民党は譲歩を渋る。当時、小渕氏は小沢氏の狙いについて、私にこう話していた。

「小沢君は、自民党を解党し、自由党と合併して新しい保守党の結成を求めている。だが、俺は受け入れるつもりはない」

自由党との連立をどうするのか。2000年4月1日夜、小渕首相と小沢氏が直接、協議することとなった。会談に先立って、小渕氏に電話をした私は「自由党は連立を離脱するか」と聞いた。小渕氏は言った。「そうではない。自由党が分裂する。二階（俊博）君や野田（毅）君は連立に残る」

結局、小渕、小沢両氏の会談は決裂。自民、自由両党の合併は進まず、自由党は連立を離脱することになった。そして小渕氏が予言した通り、自由党の衆参両院議員50人のうち、小沢氏ら24人は連立を離れたが、二階、野田両氏ら26人は連立にとどまり、のちに保守党を結成した。小渕氏が言っていた通り、「自由党分裂」だった。

脳梗塞に倒れ、志半ばで逝く

その会談から約5時間後の2日午前1時ごろ、小渕氏は体調不良を訴え、主治医の車で東京・本郷の順天堂医院に運ばれた。脳梗塞だった。病状はいったん、安定するが、2日夜になって急変。面会した青木官房長官によると、「万事よろしく頼む」とだけ話したという。約1カ月半後の5月14日、小渕氏は帰らぬ人となった。享年62歳。

念願の沖縄サミットを決めた小渕氏。本人が望みながら手がつけられなかったのは財政再建だった。景気対策のための赤字国債を増発して「借金王」と言われた小渕氏だが、私には「必ず汚名返上する。消費税率を上げて財政再建を進める」と語っていた。

小渕氏は田中、竹下派の中枢を歩んだ。しかし、政治信条では財政再建や田園都市構想を掲げた大平正芳元首相を師と仰いでいた。残念ながら、経済の低迷と政治の混乱を建て直すには時間が足りず、志半ばで倒れた。

あれから20年近く……。

「分け入っても　分け入っても　青い山」（種田山頭火）

小渕氏が愛した一句が心に沁みる。

「五人組」の謀議で森首相が誕生

ポスト小渕をどうするか。自民党内は緊迫した。4月2日夕、青木官房長官、森喜朗幹事長、野中広務幹事長代理、村上正邦参院議員会長、亀井静香政調会長が都内のホテルに集まり、後継首相について話し合った。体調不良の池田行彦総務会長は欠席。後に「五人組」の謀議といわれる会合である。

最大の関心事は主流派体制の維持だった。半年前の総裁選で小渕首相に対抗した加藤紘一前幹事長に政権を渡せば、主流派体制がひっくり返る。それだけは避けたいというのが五人組の思いだった。結論は「森首相」しかなかった。

会合に遅れて参加した古賀誠国会対策委員長を含む6人は、「小渕首相が倒れるという緊急事態を受けて、自民党総裁選を行う余裕はなく、小渕政治を継できるのは森幹事長」という流れを作る。自民党内でも表向きは異論が出ず、森氏は5日の両院議員総会で後継総裁に就き、続く衆院本会議で首相指名を受けた。

森氏は1969年衆院初当選。同期に小沢一郎、羽田孜両氏らがいる。党の幹事長、総務会長、政調会長の三役を経験、文相も務めた。森首相は、青木官房長官、宮沢喜一蔵相ら小渕内閣の布陣を引き継いだ。政局の焦点は衆院の解散・総選挙に移っていた。

11 前代未聞の「加藤の乱」から小泉政権誕生へ

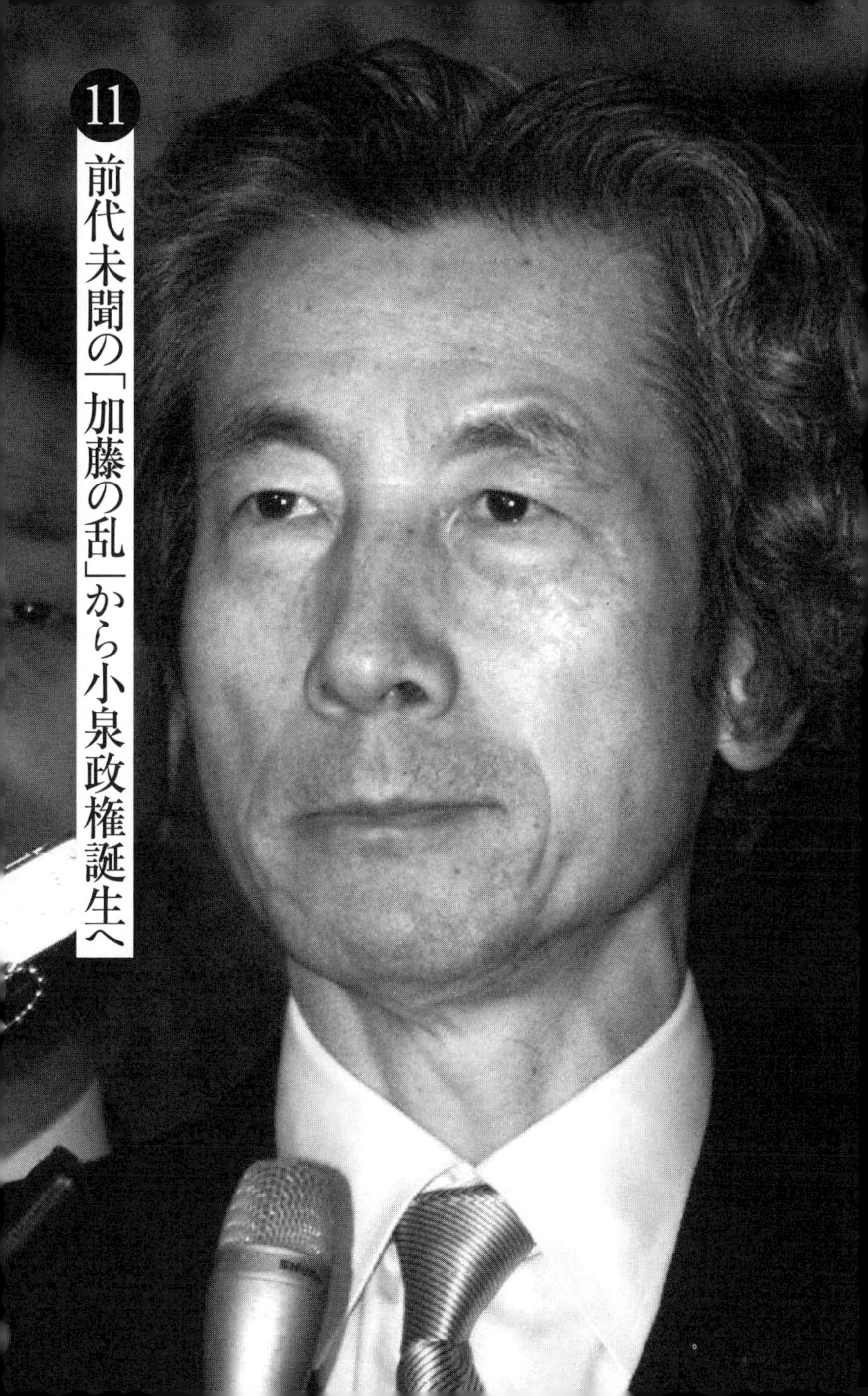

苦難続きの船出となった森喜朗政権

2000（平成12）年4月に発足した森喜朗政権は苦難続きだった。そもそも森氏を総理・総裁に決めたプロセスに問題があった。青木幹雄官房長官や亀井静香政調会長ら「五人組」による「密室談合」という批判がつきまとっていた。

森首相の失言も政権への逆風を加速した。5月15日、森首相は都内の会合で「日本の国、まさに天皇を中心としている神の国であるぞということを国民の皆さんにしっかりと承知していただく」と述べた。これが「神の国発言」として野党から非難を浴びた。6月には「民主党は共産党と組むのか。そういう政党とどうやって国体を守るのか」という時代錯誤の発言をして、自民党内からも批判された。

それでも、7月の沖縄サミット、10月の衆院議員の任期満了を控えて、衆院解散・総選挙のタイミングを選ぶとすれば、選択肢は通常国会会期末の6月しか残っていなかった。森首相は6月2日、衆院を解散。〝ミレニアム総選挙〟は13日公示、25日投票と決まった。

自公連立でのぞむ初の国政選挙

当時、各地を取材したが、自民党と公明党が連立を組んで初めての国政選挙とあって、お互い、戸惑いながらの選挙戦だった。地方では、自民党候補の後援会が公明党・創価学会とはしっくりいかず、冷めていた選挙区が多かった半面、都市部では、創価学会員が自民党の選挙事務所に入り、一体となった運動を繰り広げている選挙区が見られた。自公の選挙協力はその後、回数を重ねるごとに深化していく。

定数480（選挙区300、比例区180）を争った総選挙の結果は、自民党が233議席で単独過半数（241）には届かなかったが、公明党（31議席）と保守党（7議席）を合わせると与党は271議席と過半数を確保した。一方、民主党は127議席、自由党22議席、共産党は20議席だった。森首相は開票後の会見で「引き続き政権を担当せよというのが民意だ」と述べ、政権は継続した。

総選挙後の組閣で森首相は、宮沢喜一蔵相、河野洋平外相、堺屋太一経企庁長官ら主要閣僚を続投させた。官房長官は青木幹雄氏から森首相側近の中川秀直氏に代わった。

各国首脳が小渕首相を偲んだ沖縄サミット

小渕恵三前首相の「遺言」ともいえる沖縄サミットは、7月21日に名護市の万国津梁館で開催された。クリントン米大統領、プーチン・ロシア大統領らG8の代表が小渕氏を偲《しの》んだ。クリントン氏は糸満市の平和の礎《いしじ》で演説。「沖縄の基地負担軽減」を表明した半面、「日米同盟にとって沖縄の役割は死活的に重要」という点も強調し、大幅な米軍基地削減には応じられないという基本姿勢は崩さなかった。

総選挙とサミットを乗り切った森首相だが、政権の勢いは依然、弱いままだった。10月には中川官房長官の「女性問題」が週刊誌で報じられ、辞任に追い込まれる。後任に小泉純一郎氏が浮上するが、本人が「俺は女房役には向かない」と固辞。同じ森派の福田康夫氏を推し、福田氏が就任した。これが、半年後の「小泉首相」誕生の伏線となる。

中川官房長官の辞任で森政権が揺らぐ様子を、政権取りのチャンスと虎視眈々《たんたん》とうかがっていたのが加藤紘一氏である。

加藤氏の「倒閣宣言」に政界は騒然

11月9日夜、私は田中角栄元首相の秘書で政治評論家の早坂茂三氏から電話を受けた。「加藤紘一が意味不明のことを言っていた」という。

この夜、早坂氏のほか、読売新聞主筆の渡辺恒雄氏や政治評論家の三宅久之氏らが、国会近くのホテルで開いた会合に加藤氏が招かれ、政局談議になった。11月に予定されている内閣改造・自民党役員人事に話が及ぶと、加藤氏は「森さんに改造はできるのか」「森政権を続けさせていいのか、考えている」と話したという。

出席者の大半は最初、加藤氏の言っていることの意味が飲み込めなかったそうだ。それでも、出席者の一人、政治評論家で森政権の内閣官房参与でもあった中村慶一郎氏は「これは倒閣宣言ではないか」と気づき、その日のうちに森首相に伝えていた。

翌10日朝、「加藤氏の倒閣宣言」が一気に広がる。開会中の臨時国会で野党が提出する内閣不信任案に加藤氏らが賛成すれば、可決されるかもしれない。その場合は内閣総辞職か衆院解散・総選挙だ。政界は大騒ぎになった。

11日昼、加藤氏から「いまの心境を話したい。インタビューに応じてもよい」という連絡がきた。同日夜、東京・赤坂のホテルで単独インタビューした。やりとりの全文を新聞に掲載するため、朝日新聞政治部の同僚5人が同席。次々とメモを取って、パソコンで原稿を送った。

加藤氏の答えは歯切れよかった。「今の内閣のままでは、わが国が壊れていく」「(状況は)森政権への批判の域を超えた。(政治を)変え得ない自民党の内部が問われている」と決意を強調。具体的な対応として、「まず、自民党の中で危機意識を訴え、広げていきたい。それでも変えることができなければ、そのほかのいろいろな道を、枠を広げて考えていかなければならない」と述べた。野党が提出する不信任案に賛成して、森政権を終わらせる。倒閣宣言だった。

翌朝の朝日新聞は、1面トップで、加藤氏「首相退陣要求を明言」「野党と連携を視野」と大々的に報じた。

効果があった野中幹事長の説得電話

自民党内の攻防は激しさを増した。

加藤氏は、盟友の山崎拓氏と共に、内閣不信任案に同調する議員を固める。一方、野中広務幹事長や森首相の側近だった小泉純一郎氏は、加藤、山崎両氏の陣営の切り崩しに動く。当時、普及し始めたインターネットでは、加藤氏を応援する声が、またたく間に広がっていく。

そこで、野中氏は驚くべき手を打つ。加藤派や山崎派に所属する議員の後援会幹部の連絡先を調べ、直接、電話したのだ。電話をかける場に同席していた自民党本部の職員によると、野中氏は後援会幹部たちに、次々とこう話しかけたという。

「幹事長の野中です。おたくの○○先生が野党提出の不信任案に賛成するかもしれない。困ったことです。バカなまねはするなと、話していただけませんか?」

後援会幹部たちは驚き、ただちに議員を説得する。加藤氏に同調する予定だった中堅・若手の議員が、次から次へと切り崩された。

「あんたは大将なのだから」

11月20日。民主党など野党が提出した森内閣不信任案が、衆院本会議で採決されることになった。国会近くのホテルには加藤派と山崎派の議員が結集した。しかし、ほとんどの議員は本会議で不信任案に賛成する覚悟はない。せいぜい欠席して森政権への批判的姿勢を示そうという程度だった。野中氏の作戦が効いていた。

切り崩しの現実を知った加藤氏が、悲壮な面持ちで演壇に立った。そして、自分一人でも本会議に出席して、賛成票を投じるつもりだと述べようとした。そのとき、加藤氏の側近、谷垣禎一氏が加藤氏に駆け寄った。

「一人で行こうなんて、ダメですよ。あんたは大将なのだから」

加藤氏を制する谷垣氏。テレビで何度も伝えられたシーンである。加藤氏の目には涙が浮かんでいた。

2週間弱であっけなく幕

本会議の不信任案採決では、加藤派の欠席が加藤、谷垣、岸田文雄、園田博之、萱義偉各氏ら21人、執行部の方針に従った「反対」が宮沢喜一、堀内光雄、古賀誠各氏ら24人、山崎派では欠席が山崎氏ら17人、反対が2人。不信任案は賛成少数で否決され、森内閣は継続した。

自民党の有力者が、野党が提出した内閣不信任案に同調する構えを見せて政権を揺さぶる。戦後政治の中でも前代未聞の「加藤の乱」は、本人の決意表明から12日間、2週間弱であっけなく幕を閉じた。

一連の経過に目を凝らしていたのが、野中氏とともに乱の鎮圧を進めた小泉純一郎氏である。小泉氏は小選挙区制の下では、公認と資金配分の権限を握る党執行部の力がいかに強力で、派閥の存在感が急速に衰えている現実を目の当たりにした。その経験が小泉政権下の郵政解散につながっていくのだが、それは後の話。

「加藤の乱」を抑え込んだ野中幹事長は、橋本龍太郎政権で加藤幹事長のもと、幹事長代理を務め、肝胆相照らす仲だった。実は、森首相より加藤氏に親近感を持っていた野中氏は12月1日、「幹事長として混乱の責任をとる」と辞任を表明。後任には古賀誠国会対策委員長を推し、森首相は受け入れた。

後に、野中氏から「加藤の乱」当時の心境を聞いた。「加藤さんの気持ちは痛いほど分かっていたが、この乱を容認すれば、政権が一グループの造反で壊れる事態を幹事長として許すことになり、自民党の歴史に汚点を残すと考えた」という。野中氏は「筋を通す」ことにこだわった。

支持率低下を加速したえひめ丸事故

幹事長人事に連動して、森首相は内閣改造に踏み切った。翌2001年1月6日からの中央省庁再編（1府22省庁を1府12省庁に統廃合）に伴い、閣僚数が大幅に削減されることに備えた改造だった。

自治省、郵政省、総務庁が合体して発足した総務省。初代総務相には片山虎之助氏が就任。建設省、運輸省、国土庁が統合された国土交通省の大臣には保守党の扇千景氏。厚生省と労働省は厚生労働省となり、大臣には公明党の坂口力氏が起用された。橋本政権が法整備を進めた省庁再編はこれで完結した。橋本氏は行政改革・沖縄・北方対策担当相として入閣した。

21世紀が始まり、新たな布陣で通常国会に臨んだ森政権だが、「加藤の乱」の傷は深く、支持率は低迷していた。悪い時には悪いことが重なる。予想もしなかった大事故が起きた。

日本時間2月10日朝、ハワイ・オアフ沖で愛媛県立宇和島水産高校の実習船「えひめ丸」が米海軍の原子力潜水艦に衝突されて沈没した。乗員35人のうち、教員5人と生徒4人の計9人が死亡した。事故が起きた時、森首相は休みをとって横浜市内のゴルフ場で友人とプレーをしていた。

事故への対応は後手に回り、アメリカのブッシュ大統領と電話で協議したのも、発生から3日後の2月13日だった。森首相の危機管理のまずさが批判された。内閣支持率はさらに低下した。

森氏には荷が重かった首相の座

自民党内では「森首相では夏の参院選が戦えない」という意見が噴出する。とどめを刺したのは、政権与党の公明党だった。3月に入ると公明党の神崎武法代表が、「13日の自民党大会にはすっきりした気持ちで出席したい。自民党には自己改革を期待する」と発言。事実上の森首相退陣要求だった。

後に神崎氏は私の取材にこう語っている。「公明党が自民党のことに口を出していいのか迷った。だが、参院選が迫っており、申し訳ないが、森さんにはやめてもらうしかないと思った。だから、腹をくくって発言した」

森首相は3月10日夜、公邸に古賀幹事長ら自民党幹部を集め、退陣する意向を表明した。「五人組」の密室での話し合いで誕生した森政権は、ほぼ1年で幕を閉じた。退陣表明もまた「密室」で行われた。

森氏は自民党の幹事長など三役を歴任し、派閥では福田赳夫、安倍晋太郎両氏らに仕えるなど、「永田町の調整役」を果たしてきた。ところが、首相の役回りは、森氏が中堅として活躍した時代とは大きく変わっていた。

衆院への小選挙区の導入、テレビ政治の伸長……。首相自らがメディアに露出し、世論にアピールしなければならない時代になっていた。そうした首相の役回りは、森氏には荷が重かったのだろう。

森氏は首相退任後、小泉氏や安倍晋三氏の後見役を務め、東京五輪・パラリンピックの組織委員長に就任。「調整役」として本領を発揮している。

ブームにのって小泉純一郎政権が誕生

自民党では、後継総裁・首相選びがはじまる。小泉純一郎氏が3度目の挑戦を表明。森首相も支持を約束した。最大派閥の橋本派では、野中氏擁立の動きがあった一方で、橋本氏の再登板を求める声が強く、結局、橋本氏が出馬した。だが、参院自民党幹事長だった青木幹雄氏は「橋本氏では、自民党は参院選で勝てない」と判断。水面下で小泉氏と接触していた。総裁選は4月11日に告示され、麻生太郎、亀井静香両氏も加わって4人で争われた。

当初は橋本氏優勢と見られたが、小泉氏には、当時人気者だった田中真紀子氏が加勢。小泉氏に乱を鎮圧された加藤紘一、山崎拓両氏も応援に回り、「ＹＫＫ」が再結集した。小泉氏の演説会には多くの聴衆が集まり、時ならぬブームが巻き起こった。

気を良くした小泉氏は髪を振り乱して、「改革」を訴えた。具体的な政策があったわけではないが、「既得権にしがみつくなら自民党をぶっ壊す！」という演説が、世間の喝采を浴びた。

小泉氏の戦略は明確だった。街頭演説を重ねて、総裁選の投票権がない一般市民に訴えかける。それが自民党員に影響を及ぼし、やがて国会議員にも波及する。自民党を「外側」から攻める作戦だった。一方で、小泉氏は橋本陣営の本丸にも手を伸ばしていた。自民党の有力支持団体である日本遺族会に対して、「首相になったら靖国神社を参拝する」と約束したのだ。それまで日本遺族会と関係が深かったものの、首相としての靖国参拝には否定的だった橋本氏との「違い」をアピールする狙いがあった。

小泉氏の作戦は当たった。都道府県に3票ずつ割り振られた地方票１４１票のうち、小泉氏は１２３票を獲得。橋本氏は15票にとどまった。国会議員を合わせた24日の本選挙では、小泉氏が２９８票を集め、１５５票の橋本氏に大差をつけた。

26日、小泉新総裁は衆院本会議で宿願の首相指名を受けた。田中真紀子氏が「変人」と名付けた小泉氏の政権がスタートした。

12

破壊者か救世主か?　小泉首相の劇場政治が開幕

評価がくっきり分かれる小泉政権

2001（平成13）年4月26日に発足した小泉純一郎政権は、06年9月26日まで5年5カ月に及んだ。この長期政権に対する評価は、政治学者や政治記者たちによってくっきりと分かれる。

賞賛派は①公共事業削減など橋本派を中心とする族議員のしがらみを壊した②不良債権処理で思い切った対策をとった③規制緩和を進め、小さい政府路線を進めた④ブッシュ米大統領との個人的な信頼関係を築き、日米同盟を強化した——などを評価する。

一方、批判派は①規制緩和や公共事業の削減が行き過ぎて、大企業と中小企業、大都市と地方などの格差が拡大した②消費税率の引き上げを見送り続け、財政再建や社会保障の整備が進まなかった③靖国神社を毎年参拝し、アジア諸国の不信を募らせた④米国のイラク戦争に追従して自衛隊を派遣したが、その根拠は検証しなかった——などを指摘する。

私の評価は、両者の中間からやや批判派寄りである。高い支持率を誇り、長期政権を維持する力があればこそ、消費増税や社会保障の抜本改革、アジア諸国との協力体制作りなどにエネルギーを注ぐべきだったと思う。

大衆の心を巧みにつかむ

それでも、小泉政権の誕生は世間から喝采を浴びた。小泉氏と同い年で、ともに自民党内にいた時も、与野党に分かれても、対立し続けた小沢一郎氏は、小泉氏をこう評価している。

「政局勘がいい。それと、大衆の心をつかむのが上手だった。悪く言えばアジテーター。政治というのは、どうしてもポピュリズム的な要素を含むから悪いことじゃない」(注)

小泉政治とは何か。そこを分析するには、小泉氏の経歴を探る必要がある。

注　月刊「文藝春秋」2019年1月号　P245

「田中政治打破」、「郵政民営化」の淵源

1942年、神奈川県横須賀市生まれの3世政治家。祖父は小泉又次郎、父は純也。いずれも衆院議員だ。慶応大学を卒業した後、父の死去を受けて1969年の総選挙に立候補するが、落選。この選挙では森喜朗、小沢一郎、羽田孜、梶山静六各氏らが初当選している。仮に小泉氏が当選していれば、森氏らの間で埋もれていたかもしれない。

落選した小泉氏は、福田赳夫氏の書生として、「永田町」の政治を見つめた。当時は、田中角栄氏と福田氏が佐藤栄作首相の後継を争う「角福戦争」のまっただ中だった。結果は政治資金にものを言わせた田中氏の勝利。大蔵官僚出身のエリートだった福田氏は苦杯を飲んだ。

小泉氏は72年に初当選。政界では「田中支配」が続いていた。76年に福田政権が誕生するが、2年後の総裁選では田中派の全面支援を受けた大平正芳氏が現職の福田氏を破り、「田中支配」が復活した。数にものを言わせる田中派に敗れた経験から、小泉氏の「田中政治打破」の思いは強まっていった。

小泉氏の郵政民営化にかける情念も、若手のころの経験に基づいている。中選挙区制だったころの衆院神奈川2区では、小泉氏のほか、自民党の田川誠一氏、社会党の岩垂寿喜男氏らが争っていた。郵便局の団体は田川氏を、郵政関係の労組は岩垂氏を、それぞれ支援していた。小泉氏にとって郵政関係者は縁が薄く、逆に銀行関係者からは「郵便局は税金面などで優遇されている」という苦情が寄せられていた。

小泉氏は、大蔵省出身の福田氏の推薦もあって大蔵省関係者との交流を深めた。大蔵政務次官、衆院大蔵委員長を歴任した。当時、自民党内では金融行政をめぐって、「銀行・大蔵省対郵便局・郵政省」という利害対立が続いていた。小泉氏は大蔵省寄りで、ここでも郵政族議員の多い田中派と対立した。小泉氏の持論である「郵政民営化」はその延長線上にあった。

田中真紀子氏、竹中平蔵氏……話題満載の組閣

小泉政治は4月26日の組閣から始まった。まず、総裁選で小泉応援団となった田中真紀子氏を外相に起用した。組閣の直前、田中真紀子氏を訪ねた自民党議員から聞いたエピソードを覚えている。

「真紀子さんが隣室で電話している声が聞こえた。『あんた、だれのおかげで総理大臣になれたと思っているの。考え直しなさい！』と叫んでいた。小泉氏から軽いポストを提示され、激怒し、巻き返したのだろう」

「田中外相」誕生の裏には、こんな暗闘もあったようだ。小泉首相はさらに、森山真弓氏を法相、保守党の扇千景氏を国土交通相、文部官僚の遠山敦子氏を文部科学相に抜擢。川口順子《よりこ》氏は環境相に再任した。女性閣僚は歴代最多の5人にのぼった。

内閣の要となる官房長官は福田康夫氏が続投。重要ポストの財務相には、小泉氏にとっては派閥の先輩に当たる塩川正十郎氏を充てた。気さくな人柄の塩川氏は「塩爺《しおじい》」と呼ばれ、国民的な人気を得る。

話題に事欠かない組閣人事のなかで、とりわけ注目されたのが、経済政策の核となる経済財政相に竹中平蔵・慶大教授を起用したことだ。竹中氏は総裁選のさなかにも、小泉氏に構造改革を打ち出すよう進言。小泉氏は持論の郵政民営化を説き、二人は意気投合していた。一方、総裁選で敗れた橋本龍太郎元首相が率いる最大派閥、橋本派からの入閣は総務相に片山虎之助氏、国家公安委員長に村井仁氏の2人だけ。小泉氏に抑え込まれた。

「政治が身近に感じられるようになった」

「改革なくして成長なし」

「私の内閣の方針に反対する勢力はすべて抵抗勢力だ」

髪を振り乱して叫ぶ小泉首相の姿に世論は喝采を送り、内閣支持率は8割に達した。「小泉劇場」のはじまりである。

そんな熱気のなかで迎えた7月の参院選。小泉首相の地方遊説を取材したが、首相の行くところ、どこでも多くの聴衆が集まった。演説自体は「既得権にメスを入れる」「民間にできることは民間に」といった一般論に終始し、具体的な政策論ではなかったが、有権者の視線は温かかった。

東京都内の演説会場で聞いた中年男性の反応が印象に残る。「小泉首相の登場で、遠い存在と思っていた政治が身近に感じられるようになった。世の中を変えてくれるのではないかと期待している。おそらく、期待通りにはならないのだろうが……」

7月29日の投票日。121議席のうち、自民党は改選の61議席を上回る64議席を獲得した。改選の過半数を得たのは1992年以来9年ぶりだ。民主党は26議席止まり。以下、公明党13、自由党6、共産党5、社民党3という結果だった。

「自民党をぶっ壊す」と叫んで登場した小泉氏だったが、結果的には自民党を救ったのである。

自民党を救った3回の大転機

1955年に結党された自民党は、危機に陥ると、トップの顔をかえてしのいできた。大きな転機は3回あったと思う。

一回目は1960年だ。日米安保条約の改定強行に反対するデモで社会が騒然とする中、自民党は首相（総裁）をタカ派の岸信介氏からハト派の池田勇人氏に切り替えた。池田新首相は、政治課題を「安保改定」から「所得倍増」に転換し、「寛容と忍耐」の政治姿勢を示すことで世論の支持を回復した。劇的なペースチェンジだった。

二回目は1974年。金脈問題で首相辞任を表明した田中角栄氏の後継首相（総裁）に三木武夫氏を選んだ。「金権」と批判された田中氏から「清廉」なイメージの三木氏への交代は世論に歓迎された。

そして、三回目が森喜朗氏から小泉氏への交代だろう。支持率がひと桁に落ち込んだ森政権が続いていたら、自民党が参院選で大敗を喫することは明らかだった。自民党三役を経験し、永田町政治の権化のような森氏とは対照的に、自民党の要職経験がほとんどなく、永田町の論理に無頓着な小泉氏。同じ派閥に所属し、根っこは同じなのに対極にいるように見える二人の交代劇は、多くの国民には自民党の「変化」と受け止められた。

「公約」を果たすため靖国神社を参拝

参院選を乗り切った小泉首相は、総裁選の際に掲げた「公約」を実現する。靖国神社参拝である。党員票を狙い、日本遺族会に8月15日（終戦記念日）の靖国参拝を約束した小泉氏は、参拝時期を探っていた。外交官出身の中国通である盟友、加藤紘一元幹事長に助言を求めた。当時、加藤氏から聞いた二人のやりとりである。

「私は参拝に反対したが、小泉はどうしても行くと言う。それなら、最低でも8月15日は避けるべきだと伝えた。小泉は『16日以降になると、いつ参拝するのかと世論がうるさくなる』と言っていた」

結局、小泉首相は8月13日、靖国神社を参拝した。

1985年、当時の中曽根康弘首相が公式参拝に踏み切り、中国などから強い反発を招いた。その後、中曽根氏は参拝を見送り、ほとんどの歴代首相も見合わせていた。小泉氏は参拝時に「内閣総理大臣　小泉純一郎」と記帳し、「私的か公的か」は明言しなかった。中国は外交ルートで抗議を伝え、韓国では抗議集会が開かれた。

小泉氏はこの後も、毎年、靖国神社を参拝し続けた。そのたびに中国・韓国から批判を受け、中国・韓国への反発が日本国内で巻き起こる。小泉氏の靖国参拝が、そういう形でナショナリズムをあおった責任は重い。

衝撃の9・11とアメリカの報復

秋の気配が漂いはじめた9月11日、海の向こうで衝撃の事件が起きる。現地時間の午前9時（日本時間午後10時）前、ニューヨークの貿易センターにそびえ立つツインタワービルに2機の旅客機が突っ込んだ。タワーは2棟とも炎上し、間もなく崩壊した。また、ワシントン郊外の国防総省

（ペンタゴン）にも旅客機が突入した。いずれも、テロリストがハイジャックしていた。同時多発テロである。

私は当時、朝日新聞の政治担当編集委員だったが、外での取材を切りあげて、国会記者会館に戻り、情報収集した。テレビは貿易センタービルが崩壊する様子を伝えている。同僚の一人が米国大使館の情報として「犯人はアルカイダ」という聞き慣れない言葉を叫んだ。深夜までに、そのアルカイダによるテロだったことが判明した。

犠牲者は約３０００人に達した。日本人も24人が亡くなった。ソ連の崩壊で東西冷戦が終結して10年余。米国が軍事、経済などで圧倒的な優位を誇り、「一極支配」といわれていた世界で、イスラム過激派が米国に大打撃を与えたのである。

米国は直ちに報復の準備に入った。イスラム原理主義者のオサマ・ビン・ラディン率いるアルカイダによる犯行と断定。潜伏先であるアフガニスタンのタリバン政権にビン・ラディンらの引き渡しを求めたものの拒否された。米国はこのテロを「戦争」と見なし、自衛権の行使として10月7日、アフガニスタンへの攻撃を開始する。タリバン政権は年末までに崩壊した。

ブッシュ大統領との信頼関係を築く

日本政府は当初、この未曾有の事態に動揺した。小泉首相もテロ発生の夜は、「(テロは)怖いね、予測不能だから」とコメントしただけだった。しかし、米国からは「目に見える支援」が求められる。10年前の湾岸戦争で日本は、130億ドルもの資金提供をしたにもかかわらず、国際社会から評価されなかった。その「トラウマ」が霞が関に残っていた。

その反省から、官僚たちの動きは素早かった。すぐに小泉首相の訪米を設定。9月24日にニューヨーク入りした小泉首相はテロの現場を視察。翌25日のブッシュ大統領との首脳会談では、「武力行使はできないが、医療、難民支援、情報収集、物資輸送などの分野で支援したい」と表明した。

政府部内では、古川貞二郎・官房副長官が中心となって対米支援の法案づくりがはじまり、テロへの報復を支援するためのテロ対策特別措置法案、自衛隊による在日米軍基地の警備ができるようにする自衛隊法改正案などが時限立法でまとめられた。10月5日に国会に提出。自衛隊派遣を国会による事前承認とするよう求めた民主党の賛成は得られなかったが、与党の賛成で同29日に成立した。自衛隊の海外派遣に関する法律としては異例のスピードだった。これを受けて自衛隊派遣の基本計画がつくられ、海上自衛隊の補給艦などによるインド洋での米艦船への燃料補給活動が開始された。

小泉首相はそれまで、外交や防衛には縁がなく、米国とのパイプもほとんどなかった。だが、同時多発テロ後の対応は素早かった。ブッシュ政権は小泉首相を高く評価。これが小泉氏の国内における政治力の源泉となっていく。

田中外相の更迭で支持率が急落

年末になると、2002年度予算編成を控えて小泉首相と「抵抗勢力」との攻防が激しさを増した。税収50兆円に対して歳出は82兆円。差額の32兆円は赤字国債の発行でまかなうと想定されていたが、小泉氏は「赤字国債は30兆円以下」と明言。財源捻出のために公共事業を10％削減することなどを指示したのだ。自民党の族議員は強く反発したが、高支持率を誇る小泉氏に押し切られた。

発足以来、順風が吹いていた政権だが、年が明けるとにわかに逆風に見舞われる。

前兆はあった。米国のアーミテージ国務副長官との会談を直前にキャンセルするなど不安定な行動が目立つ田中真紀子外相と、外務省の事務当局との間であつれきが強まっていた。2002年1月、東京でアフガニスタンの復興会議が開催されたが、日本のNGO（非政府組織）団体が会議への参加を拒まれていたことが表面化。民主党の追及に対して田中外相は、鈴木宗男衆院議院運営委員長が外務省にこの団体を参加させないよう求めたと発言した。これに鈴木氏が反発、国会が混乱した。

福田康夫官房長官の判断で、田中外相と野上義二外務事務次官は更迭、鈴木氏も議運委員長を辞任することになった。小泉政権の「生みの親」とも言える田中氏が内閣から外されたことに世論は落胆し、内閣支持率は7割台から5割台に急落。世論頼みの小泉政権にとっては、初の大きな試練となった。

北朝鮮電撃訪問という「賭け」

小泉氏が繰り出した次の一手は北朝鮮の電撃訪問だった。8月30日、福田官房長官が定例の記者会見でいきなりこう述べる。

「小泉首相が9月17日、北朝鮮を訪問して金正日総書記と会談する。北朝鮮側が拉致問題や安全保障上の問題などの解決に向け、前向きな対応をすることが必要だ」

首相官邸や外務省を長くウォッチしてきた私にとっても、衝撃的な発表だった。国交のない北朝鮮に、首相がいきなり乗り込む。国交正常化が動き出すのか。拉致問題はどうなるのか。

小泉首相は「賭け」に出た。

13

拉致被害者「8人」死亡の情報に沈痛な小泉首相

電撃訪問を実現した3人のプレーヤー

「小泉首相が9月17日、北朝鮮を訪問して金正日総書記と会談する」

２００２（平成14）年8月30日、福田康夫官房長官の突然の発表にメディアは騒然となった。朝日新聞でも政治部、外報部などの記者でつくる検証チームが立ち上がり、私がまとめ役となった。

文字通りの電撃訪問は、どうやって実現したのか？　福田官房長官や外務省幹部らを取材し、経緯を検証した。その過程で、３人のプレーヤーの思惑や持ち味が浮き彫りになった。

第一に、小泉純一郎首相の政治的野心である。1年半前に政権に就いた小泉氏は、直後の参院選は乗り切ったものの、宿願の郵政民営化には着手できていない。さらに、02年の年明け早々の田中真紀子外相更迭で内閣支持率は低下していた。歴代首相が触れられなかった北朝鮮との外交が動き出せば、政権浮揚に直結する。そうなれば、郵政民営化への道も開ける――と計算していた。

第二に、福田官房長官の調整能力だ。父の福田赳夫氏が外相や首相の時に秘書官を務め、外務政務次官も経験した福田氏は、日本外交の要所を押さえていた。北朝鮮との国交正常化は、日本外交が乗り越えなければならない壁であり、支持率の高い小泉政権でチャンスが到来したと考えた。このことだけに、情報は首相官邸と外務省の一部に限定することが大事だと思い定めていた。

第三に、田中均・外務省アジア大洋州局長の外交戦略である。田中氏は1969年、外務省入省。北東アジア課長として韓国・北朝鮮との外交を担当し、北米局審議官として米軍普天間飛行場の返還交渉も進めた。日本が東アジアで役割を果たすにはどうすればよいのか。その戦略を考え続けてきた外交官だった。

「首相動静」欄で信頼を獲得

2001年9月、アジア大洋州局長に就いた田中氏は直ちに北朝鮮側と接触した。相手は、後に「ミスターX」と呼ばれた軍出身の朝鮮労働党幹部である。会談は主に、中国の北京や大連で重ねられた。

田中氏は「あなた方の意向は小泉首相に伝える」と話しかけたが、先方は半信半疑。外務省の局長が日本のトップと直接、話ができることが信じられなかったのだ。田中氏は妙案を思いつく。日本の新聞には首相が面会した人と時間を詳しく報じる「動静」欄がある。田中氏は月に2、3回は小泉首相と個別に面談する。その新聞を見せれば、先方も納得するだろう。効果はてきめんだった。ミスターXは「あなたは首相とこんなに頻繁に会えるのか」と驚いたという。北朝鮮側は本音を漏らし始めた。

徹底した情報管理。8月に親書

福田官房長官と田中氏は情報管理を徹底した。田中氏が北朝鮮と接触する時に同席するのは、外務省の平松賢司・北東アジア課長と通訳だけ。田中氏らが得た極秘情報を上げるのは小泉首相、福田長官、古川貞二郎官房副長官、野上義二（後に竹内行夫）外務事務次官に限定。田中真紀子（後に川口順子）外相にも詳細は伝えられなかった。

2002年1月、ブッシュ米大統領が一般教書演説で、大量破壊兵器の開発に絡んで、北朝鮮をイラク、イランと並ぶ「悪の枢軸」と非難した。米国との対立が深まることに危機感を募らせる北朝鮮側は、日本との関係正常化を通じて対米関係を打開したいと考えていると確信した田中氏は、その旨を小泉首相に伝えた。

8月、小泉首相は北朝鮮の金正日総書記に宛てて、「日本側は国交正常化や経済協力問題、在日朝鮮人の地位向上問題などに真摯に取り組む。貴国も拉致問題や核・ミサイル問題などの解決に真剣に取り組んで欲しい」という親書を出す。北朝鮮側は「小泉首相の訪問を歓迎する」と反応した。

極秘裏に進められた米国との話し合い

8月21日、外務省の事務次官室。竹内次官と関係局長らによる幹部会が開かれた。竹内氏が小泉首相の北朝鮮訪問について切り出した。「秘密に進めてきて申し訳ないが、小泉首相の指示だった」と釈明。続いて、田中氏が訪朝時に合意する予定の「平壌宣言」の概要を説明した。谷内正太郎総合外交政策局長が、拉致問題に詳しく触れていない点をただすと、田中氏は「別途、協議を進めている」と答える。海老原紳条約局長が「安全保障に関わる内容だ。米国と調整しているのか」と指摘すると、これも田中氏が「別途やっています」とかわした。出席者の一人は「訪朝の日程や共同宣言の内容は小泉首相、福田官房長官とすでに固めている」と感じた。

米側との話し合いも極秘裏に進行していた。8月27日、来日中のアーミテージ国務副長官とケリー国務次官補が福田、田中両氏から説明を受けた。アーミテージ氏はパウエル国務長官に伝達。情報はパウエル氏からブッシュ大統領に上げられた。米側の説明によると、「大統領はジュンイチロウを信頼するとの反応だった」という。同時多発テロとの戦いで、ブッシュ大統領支持をいち早く表明した小泉首相との信頼関係が役立った。

そして8月30日、福田官房長官が小泉訪朝を発表。これを機に、政府の準備が本格化した。

新聞の一面を飾った「日朝共同宣言」の概要

9月5日、私は政府関係者から小泉訪朝時に発表する「日朝共同宣言」の概要を聞いた。それは以下のような内容だった。

①日本による植民地支配への謝罪は「アジア諸国の人々に多大の損害と苦痛を与えた」とした1995年の村山首相談話を踏襲する

②北朝鮮が求める「補償」は経済協力方式で実施する
③北朝鮮はミサイル発射実験の凍結を継続する
④拉致問題は「人道問題」として対処する

息せき切って記事を書き、翌日の朝日新聞朝刊の一面トップを飾った。

首相訪朝に向け、メディアの報道合戦は熱を帯びた。そんななか、拉致事件の被害者など詳細は明らかになっていなかった。

「5人生存、8人死亡」情報の衝撃

9月17日。小泉首相を乗せた政府専用機は羽田空港を飛び立ち、午前9時15分、平壌の順安空港に到着。日本の首相が初めて北朝鮮の地に降り立った。百花園迎賓館での首脳会談に先立ち、田中氏は北朝鮮外務省の馬哲洙アジア局長との局長級協議に出席。そこで北朝鮮側から拉致被害者の安否リストを手渡された。「5人生存、8人死亡」。衝撃の情報だった。

生存者は蓮池薫・富貴恵、池村保志・祐木子両夫妻と曽我ひとみさん。横田めぐみさん、有本恵子さんらは死亡したという。田中氏が小泉首相に報告すると、小泉氏は沈痛な表情で、しばらく目をつぶっていたという。

首脳会談が始まったのは、直後の午前11時。冒頭、小泉首相と金正日総書記が握手。金氏は「近くて遠い国という関係に終止符を打つために来てくれたことをうれしく思う」などと述べた。小泉氏は「日本は国交正常化に真剣に取り組む用意があるが、正常化を進めるには拉致問題をはじめ安全保障上の問題などに北朝鮮が誠意を持って取り組むことが必要だ」と強調。さらに「拉致問題で情報が提供されたが、8人死亡は大きなショックであり、強く抗議する」と述べた。

その後、昼食休憩に入り、日本側は対応を話し合った。同行していた安倍晋三官房副長官は「金正日が拉致を認め謝罪しなければ、共同宣言に同意すべきではありません」と進言した。

午後2時に再開した首脳会談の冒頭、金総書記は拉致問題に触れて謝罪。日本側の出席者の一人は「昼食休憩時のやりとりが盗聴されていた」と感じた。金総書記は「誠に忌まわしい出来事だ。この場で遺憾であったことを率直におわびしたい。70年代、80年代初めまで特殊機関の一部が妄動主義、英雄主義に走った」と語った。北朝鮮の最高指導者が初めて拉致問題を認め、謝罪した瞬間だった。

5人の帰国に待ったをかけた安倍官房副長官

これを受け、両首脳は平壌宣言に署名。宣言には①国交正常化の早期実現②「過去」に対する日本側の「痛切な反省と心からのおわび」③国交正常化後の経済協力④「日本国民の生命と安全に関わる懸案」についての北朝鮮側の遺憾表明⑤核・ミサイルに関わる国際的合意の遵守、などが盛り込まれた。

小泉首相は記者会見で、拉致問題について「帰国を果たせず亡くなった方々のことを思うと痛恨の極みだ」と述べた。小泉氏は17日深夜に羽田空港に戻る。国交正常化交渉は再開されたが、拉致被害者の死亡という衝撃の事実が明らかになった、長い一日だった。朝日新聞の検証記事は「歴史が動き悲劇が残った」と報じた。

10月15日には蓮池、池村両夫妻と曽我ひとみさんの5人が帰国。福田官房長官は「一時帰国」と強調した。北朝鮮との話し合いで、5人はいったん北朝鮮に戻り、家族と共に再度帰国することになっていたからだ。それに待ったをかけたのが安倍官房副長官だった。5人を帰すべきではないと強硬に主張。政府部内で協議した結果、5人はそのまま日本にとどまることになった。

一方、「死亡」と伝えられた8人については、北朝鮮側の説明に不自然な点が多く、被害者家族から「納得できない」という不満が噴出した。

北朝鮮をめぐる問題は、その後、核開発の動きが再び発覚。南北朝鮮と日米中露の6カ国による協議が重ねられた。それでも、北朝鮮の核・ミサイル開発は続き、トランプ米大統領と金正恩・朝鮮労働党委員長との首脳会談による打開が模索されている。拉致問題は2004年5月に小泉首相が再度訪朝し、拉致被害者の家族が帰国したが、その後は目立った進展がないまま膠着《こうちゃく》状態が続いている。

イラク戦争とその後の泥沼

日朝関係が動いていた時期、ブッシュ米政権とイラクのサダム・フセイン大統領が神経戦を繰り広げていた。

同時多発テロを受け、ブッシュ政権はアフガニスタンのタリバン政権を崩壊させた後も、「テロリストをかくまう者はテロリストと同罪」と主張し、大量破壊兵器の査察を受け入れないイラクを非難。2003年2月、パウエル米国務長官は国連安保理の外相会合で、アメリカの独自情報として、イラクが大量破壊兵器を隠し持っていると断言した。

イラク側が譲歩しないなか、ブッシュ大統領は米東部時間の3月19日午後10時15分（日本時間3月20日午後零時15分）、イラクへの攻撃を命じたと宣言。トマホーク・ミサイルがバグダッドに撃ち込まれた。イギリスも軍事行動に加わった。イラク戦争の開戦である。

小泉首相はただちに「支持」を発表。野党は国連決議を経ない武力行使に反対を表明した。国際社会でも、フランス、ドイツが反発するなど反応は分かれた。それでも英米軍はイラク国内に攻め入り、開戦から21日後の4月9日に首都バグダッドが陥落。巨大なサダム・フセイン像が倒される映像が世界中に伝えられた。

私は朝日新聞本社の編集委員室で、その映像を見ていた。傍らで、中東事情に詳しい同僚の記者がつぶやいた。「これは降参ではない。兵士の帰宅だ」。イラク兵の多くは米英軍と戦うことを避けて、自宅に帰っている。米軍が進駐してきたら、彼らは隠し持った武器を持って反撃するだろう、というのがその記者の解説だった。

その後の展開は、この解説通りになった。米軍はイラクを占領したものの各地で反撃を受け、泥沼に陥っていく。

禍根を残した自衛隊のイラク派遣

小泉首相の「支持」表明を受け、日本政府はイラクへの自衛隊派遣を決める。「非戦闘地域」への派遣なら、憲法が禁ずる海外での武力行使に当たらないという解釈で、6月にイラク派遣特別措置法案を国会に提出した。審議の過程で小泉首相は、「どこが非戦闘地域か、私に聞かれても分からない」「自衛隊のいる地域が非戦闘地域だ」といった「珍答弁」を繰り返したが、自民党が採決を押し切り、法案は7月26日に成立した。

11月、悲劇が起きる。29日、イラク西部のティクリット付近で在バグダッド日本大使館の奥克彦参事官と井ノ上正盛書記官が殺害されたのだ。

奥氏らはイラク復興支援のための会議に向かう途中だった。イラク復興に尽力していた外交官の死は、日本国内に衝撃を与え、自衛隊派遣にも慎重論が出たが、小泉首相はアメリカとの関係を重視し、派遣計画を変えなかった。

2004年2月には、特措法に基づき陸上自衛隊がイラクのサマワに派遣される。「大量破壊兵器」の存在が確認されないままの戦争であり、さらに「非戦闘地域」の内容も曖昧《あいまい》なままの自衛隊派遣である。「海外で武力行使をしない」ことを原則としてきた日本の外交・安全保障政策をなし崩しに転換したことは、大きな禍根を残した。

二大政党制が見えてきた2003年総選挙

2003年9月、小泉首相は自民党総裁選に臨んだ。国会議員（357票）と地方党員（300票）の計657票で争われ、小泉氏は第一回投票で過半数（329票）を大きく上回る399票を獲得して圧勝。2位以下は亀井静香氏（139票）、藤井孝男氏（65票）、高村《こうむら》正彦氏（57票）だった。最大派閥の橋本派は、橋本龍太郎元首相が出馬を見送り、野中広務元官房長官らは藤井氏を推したが、青木幹雄参院自民党幹事長らは小泉氏を支持。派閥の対応が大きく分かれ、野中氏は政界引退を表明した。旧田中派の解体をめざしてきた小泉氏の目論見通りだった。

小泉首相は自民党役員人事と内閣改造に着手。山崎拓幹事長を副総裁に昇格させるとともに、幹事長の後任に当時49歳の安倍官房副長官を抜擢した。安倍氏は総裁候補と目されることになった。

一方、野党は小泉首相の一人舞台とも言える政局が続くなか、反転の機会をうかがっていた。2003年7月、民主党の菅直人代表と自由党の小沢一郎党首は両党の合併で合意。基本政策の協議を経て、9月24日には自由党が民主党に合流する形で合併が正式に決まった。

自民党総裁選、民主・自由両党の合併という節目を経て、小泉首相は10月10日、衆院の解散・総選挙に踏み切った。選挙は10月28日公示、11月9日投票になった。自民党は「小泉改革」をアピール。民主党は本格的な政権交代を訴えた。学者や財界人が提唱してきたマニフェスト（政権公約）

が取り入れられた選挙でもあった。

480議席（選挙区300、比例区180）を争った結果は、自民党が改選前の247議席を下回る237議席。過半数の241議席に届かなかった。公共事業削減や不良債権処理、規制緩和などを進めた小泉改革は、地方や中小企業にとっては「痛み」であり、それが自民党批判につながった。一方、民主党は177議席と躍進。自民党に対抗する野党としては、1958年総選挙で社会党が得た166議席を上回り、過去最多議席となった。

小選挙区制の導入から10年近くが経ち、目標だった二大政党制がようやく見えてきた総選挙だった。

降ってわいた年金問題

年が明けて2004年、与野党は夏の参院選に向けて策を練っていた。そこに降ってわいたのが年金問題だった。閣僚らの年金未納・未加入が次々と発覚。5月7日には福田官房長官が未納の責任をとって辞任を表明した。もっとも、この辞任にはほかの事情も絡んでいた。

福田氏はもともと、小泉氏の靖国神社参拝やイラク戦争への「支持」表明に不満を抱いていた。さらにこの時期、小泉首相の側近である飯島勲政務秘書官が、外務省とは異なる朝鮮総連のルートで首相の北朝鮮再訪問を計画していたことへの抗議の意味もあった。福田氏の後任には細田博之氏が起用された。

年金問題は民主党にも波及した。菅代表にも未納があるとメディアが報じ（後に社会保険事務所の事務ミスと判明）、5月10日、菅氏は辞任を表明。後任には小沢一郎氏の就任が内定するが、小沢氏にも年金未納があることが明るみに出て辞退。急きょ、岡田克也氏が代表に選出された。

参院選敗北に危機感を募らせた小泉首相

飯島秘書官の交渉の結果、小泉首相は5月22日、再び北朝鮮を訪問した。拉致被害者の家族8人の帰国を求め、池村夫妻の子ども3人と蓮池夫妻の子ども2人の帰国が実現した。一方、曽我さんの夫で元米兵のジェンキンス氏については、アメリカの軍法会議の判断が必要となり、2人の子どもを含む3人の帰国は延期された。結局、7月9日、3人はインドネシアのジャカルタで曽我さんとの再会を果たした。曽我さんが飛行機を降りたジェンキンスさんに駆け寄ってキスをするシーンはメディアで大きく取り上げられ、小泉外交の成果として参院選に好影響を与えるかと思われた。

7月11日、参院選（改選数121）は投票日を迎えた。小泉首相と安倍幹事長は「背水の陣」でのぞんだが、自民党は49議席にとどまり、岡田代表率いる民主党の50議席に及ばなかった。特に比例区では、民主党19議席に対し、自民党は15議席にとどまった。

この選挙で興味深かったのは、野党の民主党が年金財源に充てるために消費税を5％から8％に引き上げると訴えたのに対し、自民党は消費税率据え置きを公約したにもかかわらず、有権者の多くが民主党に軍配を上げた点だ。理を尽くして説明すれば、税負担の増加も受け入れられる。日本政治の成熟の道筋が見えかかった選挙だった。しかし、その後の消費税をめぐる政治の迷走は、この成熟した流れを壊してしまったように思える。

参院選の敗北に最も危機感を抱いたのが、小泉首相自身だった。このままでは郵政民営化は実現できない。強行突破しかないという思いを募らせた。それが、関連法案の提出強行、そして郵政解散・総選挙へとつながっていく。

14 「殺されてもいい」小泉首相捨て身の郵政選挙の罪

求心力に陰りがみえた小泉純一郎首相

2004（平成16）年7月の参院選で、自民党は民主党に1議席差ながら敗北し、「選挙に強い」ことが売りだった小泉純一郎首相の求心力に陰りが見えてきた。小泉氏がめざす郵政民営化に対しても、自民党内で反対論が強まった。9月初旬に自民党の「郵政事業に関する特命委員会」（村井仁委員長）が開いた集中討議では、24人の発言者のうち23人が民営化反対論を唱えた。

小泉首相は先手を打つ。9月10日に臨時閣議を開き、郵政民営化の基本方針を決めた。方針の柱は、①2007年4月から窓口ネットワーク、郵便、郵便貯金、郵便保険の4事業を分社化し、政府出資の持ち株会社の傘下に置く②17年3月末までに郵便貯金、郵便保険会社の株式を民有・民営とする——などだ。通常、この種の政策決定は自民党の了解を受けて閣議決定するが、これは自民党の了解を経ておらず、党内で批判が強まった。

自民党幹事長に武部氏を抜擢

だが、小泉首相はひるまない。さらに次の手を打った。自民党役員人事と内閣改造である。党人事では、参院自民党を牛耳る青木幹雄参院議員会長と森喜朗前首相の意向を聞いた。その結果、参院選敗北の責任をとると明言していた安倍晋三幹事長を幹事長代理に降格させ、後任の幹事長には武部勤氏を抜擢した。

武部氏は農水相を務めたことはあるが、政府・自民党の要職はほとんど経験していない。ただ、党内では「最高のイエスマン」と言われ、上司に忠実であることは確かだった。小泉氏はそこに目をつけた。

政調会長は額賀福志郎氏の後任に与謝野馨氏をあてた。さらに政調副会長兼郵政改革合同部会座長に園田博之氏を起用。この与謝野・園田コンビが、郵政民営化を実務的に仕上げていく。

郵政民営化をめぐる同床異夢

そのころ、私は与謝野氏にインタビューしているが、郵政民営化について実に明快に解説していた。

「世の中は郵政民営化で大騒ぎしているが、財政再建や社会保障の見直しに比べれば大した問題ではない。戦後の日本が発展途上だったころ、道路や橋などの建設に多額の資金が必要だった。金利が高く政府が保証する郵便貯金でカネを集め、その資金を活用した。高度成長が終わり、成熟社会が見えてきて、郵便貯金のような金集めは必要なくなった。それでも郵便局は地域に根を張っていたので、政治的な事情から民営化はできなかった。それを小泉氏がやろうとしている。銀行や地域社会との折り合いをつけて、徐々に民営化していけばよいだけの話だ」

その通りだと思った。園田氏も「賛成論と反対論を政策的に調整すればよい。政局の話ではない」と話していた。しかし、小泉氏は違った。郵政民営化を進めることで、旧田中派など自民党内の「抵抗勢力」をあぶり出す。そのためには衆院の解散・総選挙も辞さない。それが小泉氏の戦略だった。

そんな小泉氏を政策面から支えたのが、夏の参院選で比例区の自民党公認として当選した竹中平蔵氏だった。内閣改造では経済財政相と郵政民営化担当相を兼務して、民営化の具体案づくりを進めた。9月27日、自民党の新執行部と改造内閣が発足。小泉首相は記者会見で「この内閣は郵政民営化実現内閣」と宣言した。

その後、郵政民営化をめぐる攻防が本格化していく。

激化する自民党内の対立

2004年末までは小泉首相と自民党内の民営化反対勢力とのにらみ合いが続いた。年が明けて05年1月21日、通常国会が召集された。小泉首相は施政方針演説のうち約2割を郵政民営化にあてた。

「改革の本丸が郵政民営化だ。昨年9月に決定した基本方針に基づいて、07年4月に郵政公社を民営化する法案を今国会に提出し、成立を期す」

まさに「戦闘宣言」だった。

これに対し、自民党内の民営化反対派も対決姿勢を崩さなかった。反対派には、①政局的に小泉首相と対決する亀井静香氏ら②過去に郵政相を務めるなど郵便局との関わりが深い野田聖子氏ら③郵政民営化によって地域の金融サービス機能が低下し過疎化が加速することを懸念する堀内光雄氏ら——がいた。

4月に入り、園田政調副会長らの調整で、政府の基本方針に①郵便局が全国であまねく利用される（ユニバーサル・サービス）ことを法律で義務づける②全国での金融サービスを維持するため1兆円規模の地域・社会貢献基金を設ける——などの修正が加えられた。だが、それでも対立が解消することはなかった。

かろうじて可決した法案

4月27日、小泉首相は基本方針に基づいて郵政民営化の関連法案を閣議決定、国会に提出した。大型連休明けには衆院に関連法案を審議する特別委員会が設けられ、自民党の二階俊博氏が委員長に就任。自民党の反対派も次々と質問に立ち、審議は延べ108時間に及んだ。法案は一部修正されたが、それでも自民党内の溝は埋まらなかった。

7月4日、法案は委員会で可決され、焦点は翌5日の衆院本会議での採決に移った。自民党から47人が反対に回れば法案は否決される。いったい何人が造反するのか？　私たち朝日新聞政治部も、自民党の衆院議員一人ひとりに賛否を確認し、懸命に票読みを進めた。

5日午後1時、衆院本会議開会のベルが鳴り、記名投票に入った。自民党の議員が反対の「青票」を投じるたびに議場からどよめきが起きた。綿貫民輔、堀内光雄、亀井静香、平沼赳夫の各氏らのベテランに加え、野田聖子、古屋圭司、森山裕、小林興起、城内実の各氏ら中堅・若手も青票を投じた。

投票結果を河野洋平議長が読み上げる。

「可とする者233、否とする者228」

わずか5票差で郵政民営化関連法案は可決された。自民党内の反対は37人、欠席・棄権は14人だった。小泉首相はひとまず、胸をなで下ろした。だが、反対派は「第1ラウンドではノックアウトできなかったが、第2ラウンドの参院で完璧にノックアウトする」（亀井氏）と、参院での否決に向けて気勢をあげた。

「俺の信念だ。殺されてもいい」

その参院では、特別委員会での審議が始まり、本会議での採決に向けた応酬が続いた。小泉首相側からは「否決なら衆院の解散・総選挙」といった情報がさかんに流されたが、反対派も「参院否決で衆院解散は理屈に合わない」「否決なら内閣総辞職が筋だ」と反発を強める。法案は8月5日の特別委で可決され、8日の本会議でいよいよ採決されることになった。

この時、小泉首相は「否決なら解散」と思い定めていたことは間違いない。それを察知した派閥の先輩でもある森前首相が6日夜、首相公邸に小泉首相を訪ねてビールを飲み交わす。森氏は「郵政民営化であんたの考えに賛同している人たちも、ここで解散は困ると思っている。彼らを苦しめてどうする」と諭した。法案を継続審議にして、やり直してはどうかという提案だった。

しかし、小泉氏は譲らなかった。「俺の信念だ。殺されてもいいと思ってやっている」と答えたという。

参院本会議で法案否決

8日の参院本会議採決に向けて、朝日新聞政治部は再び、票読み作業を進めた。自民党の造反が相当数にのぼり、法案が否決される可能性が大きくなっていた。否決の場合、小泉首相は解散を選ぶのか、総辞職を決断するのか？　午後1時半、緊迫した状況で本会議での投票が始まった。

自民党の議員が造反し、反対票を投じる。そのたびに、参院本会議場はどよめいた。緊張した空気のなか、扇千景議長が投票結果を読み上げた。

「投票総数233票、賛成108票、反対125票」

郵政民営化関連法案は、大差で否決された。自民党内の反対は中曽根弘文氏ら22人、棄権は8人だった。反対派議員たちは議場で握手していた。

前代未聞の衆院解散

小泉首相は臆することがなかった。ただちに臨時閣議を開催。閣議では、島村宜伸農水相が解散に反対して辞表を提出したが、小泉首相は受理せずに島村氏を罷免。解散が閣議決定された。これを受け、細田博之官房長官が解散詔書を衆院議長に提出。河野議長が本会議で読み上げた。

総選挙は8月30日公示、9月11日投票と決まった。政府提出の法案が参院で否決され、衆院を解散。憲政史上、前代未聞の事態だった。

解散を決めた閣議の後、赤いカーテンを背景にして記者会見した小泉首相には鬼気迫るものがあった。

「国会は、郵政民営化は必要ないという判断を下した。本当に郵政民営化は必要ないのか、国民の皆さんに聞いてみたいと思う。今回の解散は郵政解散だ。郵政民営化に賛成してくれるのか、反対するのか、これをはっきりと国民の皆様に問いたい」

「400年前、ガリレオ・ガリレイは天動説の中で地球は動くという地動説を発表して有罪判決を受けた。その時、ガリレオはそれでも地球は動くと言ったそうだ」

郵政民営化を地動説に、自分をガリレオにたとえる。小泉劇場のクライマックスであった。

注目を集めた造反組vs「刺客」

総選挙の結果はどうなるか？　政治家や政治記者の間で見方は割れた。

小選挙区制の下で自民党が分裂するのだから、自民党には不利で野党に有利になるという見方があった。一方で、自民党内の対立が注目され、野党の存在がかすむから自民党には有利に働くという指摘もあった。私は当初、選挙事情の分析から前者の見立てをしていた。だが、解散決定後の世論の動向を見て、自民党優勢との見方に転じた。結果は後者だった。

小泉首相は、武部幹事長に郵政造反組を除名して選挙区では対立候補を擁立するよう指示した。対立候補は「刺客」と呼ばれ、テレビで大きく取り上げられた。

亀井静香氏（広島6区）にはライブドア社長の堀江貴文氏。野田聖子氏（岐阜1区）にはエコノミストの佐藤ゆかり氏。小林興起氏（東京10区）には選挙区を鞍替えした小池百合子氏……。刺客と〝大物議員〟の対決は世間の注目を集めた。民主党の岡田克也代表らは、「争点は郵政民営化だけではない」と主張し、社会保障や外交・安全保障の論争を呼びかけたが、小泉自民党は「郵政民営化をすれば、外交も社会保障も良くなる」というキャンペーンを展開。与野党の議論はかみ合わなかった。

自民党圧勝。郵政民営化法案が成立

選挙期間中、私は鹿児島5区（鹿屋市など）を取材した。前職の森山裕氏は民営化法案に反対票を投じた造反組。自民党公認は得られず、無所属で出馬、刺客の公認候補をぶつけられた。

森山氏は、郵便局が民営化されれば地域の金融サービスの担い手が弱くなり、地方はいっそう疲弊すると主張していた。刺客候補の応援にやってきた武部幹事長は「みなさん！　森山さんは自民党には戻りません」と演説して歩いた。森山氏の支持者たちは怒りに震えていた。選挙結果は森山氏の圧勝。有権者の多くは「刺客」を信用しなかったのだ。森山氏はその後、復党し、農水相、自民党国会対策委員長などの要職を歴任する。

はたして選挙結果は、自民党が定数480のうち296議席を獲得して圧勝。うち83人が初当選の新顔で、「小泉チルドレン」と呼ばれた。一方、民主党は113議席にとどまり、岡田代表は辞任した。ちなみに、公明党は31議席、共産党9議席、社民党7議席だった。

9月21日に召集された特別国会で小泉氏が首相に選出され、第3次小泉内閣が発足した。郵政民営化関連法案は10月11日に衆院を通過、14日には参院で可決、成立した。小泉氏の悲願は達成された。

あれから14年たって思うのは、この騒動は何だったのか、ということである。

小泉氏が初志を貫いたことは間違いない。そのためにあらゆる手段を講じた。

毎年、靖国神社に参拝し、自民党保守派の支持を保った。イラク戦争への支持表明などで米国と親密な関係を築き、国内の求心力を確保した。消費税率引き上げなど不人気な政策は回避した。郵政民営化がそこまでして実現すべき政策なのかどうか、大いに議論のあるところだが、その論争は広がらなかった。自民党の与謝野政調会長が「大した問題ではない」という郵政民営化に日本政治が振り回されたのである。

メディアの責任も大きい。私は2004年4月から東京大学大学院特任教授を兼務し、政治とメディアをテーマとする授業やゼミを持っていた。そこで、助手の逢坂巖氏と小泉政治とメディアについて分析。その成果を共著にして発表した。

そのなかで、小泉氏の手法に関する論争を紹介したうえで、こう指摘した。

「従来の選挙報道では、メディア側がその選挙の意味を定義し、各党・各候補者がメディアの規定に沿う形で論争を進めてきた。2005年の総選挙では小泉自民党が終始、争点設定で主導権を握り、メディアや野党側からの提起を許さなかった」（注）

郵政解散総選挙はメディアの責任が問われた選挙でもあった。

注　星浩、逢坂巖『テレビ政治』（朝日選書　2006）P19

終戦記念日に靖国参拝を強行

総選挙後の特別国会で内閣の布陣を変えなかった小泉首相は、郵政民営化関連法案の成立を受けて、10月31日に内閣改造に踏み切った。官房長官に安倍晋三氏を起用、外相には麻生太郎氏、財務相には谷垣禎一氏を充てた。この3人に福田康夫元官房長官を加えた「麻垣康三」がポスト小泉を競うことになった。

明けて2006年、小泉首相は最後の通常国会や米国公式訪問などをこなし、8月15日の終戦記念日に、最後の靖国神社参拝を強行した。

01年の就任以来、毎年、参拝してきたが、8月15日は初めてだった。①中国や韓国の批判は当たらない②A級戦犯が合祀されているという批判があるが、自分は特定の人に対して参拝しているわけではない――などと説明したが、アジア諸国の不信はいっそう強まった。

「小泉政治」の限界とは

小泉政権は5年5カ月、1980日に及んだ。小泉首相に直接、インタビューする機会が何度かあったが、印象に残るのは、青木幹雄・自民党参院議員会長をどう評価するかと聞いた時の反応だ。「青木さんは、改革派だよ」という。

族議員の束ね役である青木氏を「改革派」と見る政治家は珍しい。青木氏の特徴は、財務省の役割を高く評価している点だ。各省庁の予算査定を通じて、政策の微調整を進める。青木氏は、財務省を応援する実力者であり、スケールの大きな政策を論じるわけではない。

その青木氏を小泉氏は評価する。そこに、小泉改革の「限界」が見て取れるのではないか。その限界は、郵政民営化という、限定的な政策目標にエネルギーを費やしたことに表れたし、そのために靖国神社の参拝や米国追随の外交を続けたことは、日本政治・外交の停滞を招いた。

戦後最年少首相に期待は集まったが……

小泉氏の後継を決める自民党総裁選は9月8日告示、20日投票で行われた。福田氏が70歳という高齢を理由に立候補を見送ったため、安倍、麻生、谷垣の3氏で争われることになった。

安倍氏に対しては、森元首相が、政治キャリアでは先輩の福田氏に譲り、出馬を見合わせるべきだと助言した。しかし、安倍氏は「運命の女神は後ろ髪がない。前髪をつかまなくてはいけない」と語り、政権取りのチャンスを逃したくないという姿勢を見せた。

国会議員と党員による投票の結果、安倍氏が464票を獲得、麻生氏（136票）、谷垣氏（102票）を大きく引き離して圧勝。9月26日、臨時国会が召集され、安倍氏が首相に指名された。第1次安倍内閣が発足した。

52歳の首相は戦後では最年少。フレッシュな政権には期待が集まったが、先行きには暗雲が垂れ込めていた。

15 戦後最年少宰相・安倍氏と常識人・福田首相の挫折

52歳の安倍氏、戦後最年少で首相に

52歳。戦後最年少で首相となった安倍晋三氏は2006（平成18）年9月26日、国会で首班指名を受けると、ただちに組閣と自民党役員人事に着手した。

内閣の要ともいえる官房長官は、同じ派閥の側近を登用するケースが多いが、安倍首相は所属する森派ではなく、ハト派の宏池会（当時は丹羽・古賀派と呼ばれていた）に所属する塩崎恭久氏を抜擢した。塩崎氏は日銀勤務の後、1993年の衆院選で初当選。安倍氏とは、根本匠、石原伸晃両氏を加えた4人で集まり、それぞれの頭文字をとって「NAIS」（ナイス）という会で政策の勉強を続けてきた。まさしく「お友達」である。

外相には麻生太郎氏が再任され、総務相には当選4回の菅義偉氏が起用された。菅氏は、早くから北朝鮮の拉致問題に対する制裁をめぐって安倍氏と協力してきた経緯があり、この入閣は第2次安倍政権の安倍首相・菅官房長官体制につながっていく。また、自民党幹事長には森派の中川秀直氏、政調会長には安倍氏と気脈を通じるタカ派の中川昭一氏が就いた。

電撃的な中国訪問

安倍首相はまず、外交で動いた。小泉前首相が任期中、毎年、靖国神社を参拝したことですっかり悪化していた日中関係を改善するため、電撃的な中国訪問に踏み切ったのだ。

10月8日に北京を訪れた安倍首相は胡錦濤国家主席と会談し、日中関係について「戦略的互恵関係」と位置づけた。両国間にはさまざまな問題があっても、お互いの利益のために長期戦略として友好関係を築くという意味だった。靖国神社参拝について安倍首相は、行くとも行かないとも言わない姿勢を見せたが、中国側はあえて追及せず、首脳会談は円満に終了した。

これには伏線があった。外務省の当時の事務次官、谷内正太郎氏が中国側と極秘裏に接触。安倍首相は在任中の靖国神社参拝は見合わせるだろうという見通しを伝え、中国側はこれを評価していた。

谷内氏と安倍首相との付き合いは1983年にさかのぼる。安倍氏の父、晋太郎氏が外相で、晋三氏はその秘書官。谷内氏は松永信雄外務事務次官の秘書官で、二人は大臣と次官の秘書官同士で親交を深めた。外務省条約局長などを経て事務次官になった谷内氏は、以来、安倍氏の外交指南役を続ける。第2次安倍政権では、新設された首相直属の国家安全保障局の初代局長に就き、安倍外交の司令塔となった。

翌日の9日、訪中を終えて韓国に向かう安倍首相に伝えられたのが、北朝鮮が初の核実験を強行したという情報だった。ソウルでの盧武鉉大統領との日韓首脳会談の最大のテーマも北朝鮮の核への対応だった。その後、北朝鮮の核問題は、東アジアの安全保障の最大の課題であり続ける。

郵政民営化の〝造反組〟復党で支持率が急落

こうして初の外遊を乗り切った安倍首相だが、国内で落とし穴が待っていた。小泉政権下の郵政民営化法案の採決で反対に回った〝造反組〟の復党問題が浮上したのだ。

この問題をめぐり、翌年の参院選に向けて造反議員の協力を得たい青木幹雄参院議員会長と、造反議員を受け入れれば安倍政権の「改革路線」に疑いの目が向けられる懸念した中川秀直幹事長が対立。結局、安倍首相は復党を認める判断をした。

12人の造反組のうち、堀内光雄、保利耕輔、野田聖子、森山裕各氏ら11人が「郵政民営化の公約順守」などの誓約書を提出して復党した。平沼赳夫氏は誓約書提出を拒否し、復党しなかった。12月4日、安倍首相は復党組と会談し、「お帰りなさい。新たな仲間として参加してもらい、大変心強く思っている」と述べた。だが、これが世論には「改革の後退」と映った。内閣支持率は急落する。

民主党の前原新代表と偽メール事件

自民党に対抗する民主党はそのころ、何をしていたのか？

２００５年９月の郵政総選挙で小泉自民党に大敗した民主党。岡田克也代表は辞任し、後任に43歳の前原誠司氏が選出された。前原氏の若さに期待も集まったが、彼にも落とし穴が待っていた。

06年2月の衆院予算委員会で民主党の永田寿康議員が、ライブドアの堀江貴文元社長の「社内メール」を暴露した。メールの内容は、堀江元社長が自民党の武部勤幹事長の次男宛てに3千万円を送金するよう指示したというものだった。前原代表は「資金提供の確証を得ている」と自信を見せたが、小泉首相は「メールはガセネタだ」と反論。結局、メールは偽物と判明した。

永田氏は議員辞職に追い込まれ、前原代表も3月に辞任する。後任を決める選挙では小沢一郎氏が菅直人氏を大差で退け、代表の座に就いた。小沢氏は「打倒自民党」を掲げて本格稼働した。

「消えた年金」、閣僚の失態で強まる逆風

07年1月に開幕した通常国会は安倍・自民対小沢・民主の全面対決となったが、閣僚の失態が相次いだ。

柳沢伯夫・厚生労働相が少子化問題に絡んで女性を「産む機械」にたとえて批判を浴びた。松岡利勝・農水相の事務所費問題も発覚する。安倍首相は二人とも続投させたが、国会での追及はやまなかった。さらに、民主党の長妻昭氏を中心に、約5000万人分の年金の納付記録が誰のものか分からなくなっている実態が暴かれた。「消えた年金」と言われ、国会審議は連日紛糾した。

そんななか、安倍首相は、将来の憲法改正に向けた手続きを定める国民投票法案の成立を急いだ。衆参両院とも、民主党など野党の反対を押し切り、自民、公明両党が採決を強行し、国民投票法は5月14日に参院本会議で可決、成立した。民主党は「安倍政権は国民生活にかかわる年金問題より

憲法改正を優先している」と批判した。

5月28日、松岡農水相が東京・赤坂の衆院議員宿舎で自殺した。安倍首相らに宛てた8通の遺書が残されていた。事務所費問題の追及に責任を感じていたという。現職閣僚の自殺という衝撃的な出来事に、政権は揺らいだ。

閣僚の失態はその後も続く。6月30日、久間章生防衛相が広島、長崎への原爆投下について「あれで戦争が終わったんだという頭の整理で、今しょうがないと思っている」と発言。与党の公明党からも批判が出て、久間氏は7月3日、辞任した。安倍首相も、側近の「お友だち」もなす術がないまま、政権への逆風は強まっていった。

参院選で自民党が惨敗、「ねじれ」国会へ

政権に厳しい状況下、7月12日に公示された参院選では、選挙事情に通じる民主党の小沢代表が巧みな戦術を繰り出した。

まずコントラスト作戦。岡山選挙区の片山虎之助・参院幹事長のような自民党の長老候補には、対照的なイメージを持つ女性の新顔候補をぶつけた。次に川上作戦。選挙中、小沢氏は都市部に注ぐ河川の上流に位置する山間部で演説を重ねた。安倍首相が有権者の多い都市部を重点的に回ったのに対して、「民主党は地方重視」を印象づけた。小沢氏は地方行脚で労組の連合幹部と懇談。細かな選挙戦術を伝授した。

この年は4年に1度の統一地方選と3年に1度の参院選が重なる「亥年」。地方選を終えて疲れた地方議員たちが参院選での活動に力が入らず、自民党は苦戦するというジンクスがある年だ。くわえて、小泉政権下の公共事業削減や規制緩和によって、大都市と地方、大企業と中小企業の間の格差が拡大していることに、有権者は不満を募らせていた。

投票日の7月29日。自民党は改選議席64を大幅に減らす37議席。29の1人区で自民党が勝ったのは、わずか6選挙区にとどまり、片山虎之助氏をはじめ有力候補が軒並み落選した。民主党は改選前の32から倍増の60議席を獲得。参院第一党に躍進した。公明党は改選12に対して9議席。共産党3議席、社民党2議席などとなった。衆院は与党が圧倒的な多数だが、参院では野党が多数を占める「ねじれ」国会が現出した。

体調悪化で突然の辞任

自民党惨敗を受け、安倍首相の進退が焦点となる。だが、安倍氏は「改革を続行し、新しい国づくりをすると約束した。約束を果たすことが、私の責任、使命だ」と語り、続投を宣言した。

安倍首相は8月19日から25日までインドネシア、インド、マレーシアを歴訪。27日に自民党役員人事と内閣改造を行い、政権の建て直しを図ろうとした。ただ、この時の外遊に同行した政府関係者から当時、こんな話を聞いた。「安倍首相は外遊中、頻繁にトイレに駆け込み、かなりつらそうだった。首相の激務はとうてい務まらないだろう」

持病の潰瘍性大腸炎に加え、機能性胃腸障害が悪化していたという。

自民党役員人事では、麻生太郎氏を幹事長、二階俊博氏を総務会長、石原伸晃氏を政調会長に充てた。官房長官には、与謝野馨氏を起用。体制を整えて、9月10日からの臨時国会に臨んだ。だが、初日に所信表明演説を行った安倍首相に12日午後からの代表質問に対応できる体力はなかった。

12日午後2時。緊急会見をした安倍首相は退陣を表明。首相在任約1年の、あっけない幕切れだった。

第1次安倍政権は、憲法改正、アジア外交の立て直し、経済再生など幅広い課題に取り組もうとした。だが、「お友だち」中心の政権運営は脇が甘く、緊張感に欠けた。小泉改革で生じた格差などをめぐり、社会に広がる不満に十分に対応できず、志半ばでの退場となった。

福田首相の登場と大連立の挫折

突然の退陣に自民党内は混乱した。後継総裁に麻生幹事長が意欲を見せたことに反発は出たが、対抗馬として誰を推すかが定まらない。だが、私は福田康夫・元官房長官が立候補すると確信していた。

福田氏はもともと、1年前に安倍氏が総裁に選ばれた際も対抗馬の一人と見られていたが、高齢を理由に固辞。その時、福田氏が「安倍君が経済や外交が分かっているかどうか。心配だよ」と悔しそうに語っていたのを覚えていたからだ。森喜朗元首相が福田氏に立候補を促し、本人は総裁選の告示直前に受け入れた。

福田氏と麻生氏の争いとなった総裁選では、麻生派以外の主要派閥が福田氏を推し、9月23日の投票の結果、福田氏が330票を獲得、197票の麻生氏に圧勝した。25日の衆院本会議で首相指名を受けた福田氏は「背水の陣内閣」と宣言。自民党幹事長に伊吹文明氏、官房長官に町村信孝氏を充てるなど党・内閣の布陣を一部手直しして政権をスタートさせた。

その底流で大きな策略が進行していた。自民、民主両党による大連立である。

参院選で圧勝した小沢民主党代表は、読売新聞グループの渡辺恒雄会長に自民党との大連立に向けた仲介を求めた。渡辺氏は森、福田両氏に打診し、大連立に向けた話し合いが進んでいたのである（注）。

（注）
森氏は大連立について、次のように回想している。

「読売新聞の渡辺恒雄さんから私に電話があった。「（小沢）一郎が何度もおれに『大連立をやりたい』と言ってくる。その都度、福田に取り次いだが、福田は煮え切らない。おれも電話交換手みたいなことをいつまでもやってられない。あなたが一郎と話をしてくれないか」。私は福田さんの了解をとって渡辺さんが指定したパレスホテルに出向いた。そこへ小沢さんもやってきた。小沢さんは張り切っていた」（森喜朗『私の履歴書』日本経済新聞出版社　2013年　251ページ）

10月30日と11月2日に福田首相、小沢代表による党首会談が開催された。二人の間では①政策面では消費税の増税などを進める②衆院の解散時期については自民、民主両党が話し合う、などが大筋で合意されたが、具体的な内容は説明されなかった。

自民党は大連立構想を了承したが、民主党の反応は違った。小沢氏の報告に対して、常任幹事会では「政権交代が目的であり、政権に入ることが目的ではない」「国民から見れば大政翼賛会に映る」といった批判が相次ぎ、小沢氏は大連立を断念。福田首相に「この話はなかったことにしよう」と伝えた。大連立構想は1カ月余で霧消した。

そもそも福田、小沢両氏にとって、大連立に込めた狙いに隔たりがあった。福田氏は衆参ねじれで政策が停滞する中、その打開策として大きな与党の固まりをつくりたいという判断をしていた。一方の小沢氏は、自民党との連立で巨大与党をつくった後に安全保障や消費税問題で与党内を分断、再編しようと狙っていた。それは、小沢氏の宿願である自民党分断につながる策略でもあった。二人の溝は埋まることがなかった。

政権批判のトーンを強める民主党

小沢氏は大連立頓挫の責任をとって代表辞任の考えを表明するが、慰留を受けて続投。一転して福田政権批判のトーンを強めていく。政府が提示した日銀総裁人事案が民主党の反対で承認されないなど、政権の混乱は続いた。年が明けて08年4月9日。党首討論が行われ、福田首相はこうぼやいた。「誰と話せば信用できるんですか？　是非教えてほしい。かわいそうなくらい苦労しているんです」。政権の窮状を端的に表す言葉だった。

6月11日には、参院で福田首相の問責決議案が、野党の多数で可決された。法的拘束力はないものの、政権の弱体化を印象づけた。福田氏は8月1日に自民党役員人事と内閣改造に踏み切り、麻生太郎氏を幹事長に起用した。当時、福田氏に直接取材したが、その思いはこうだった。

衆参ねじれの政局が続くなか、衆院の解散・総選挙で局面を転換する必要があるが、自分は地味な政治家で、総選挙を仕切るリーダーにはふさわしくない——。

福田氏は、後継首相には麻生氏が適任と判断し、そのための党役員人事・内閣改造だった。

政局に翻弄された「常識人」

9月1日夜。福田首相は記者会見で「新しい体制の下、政策実現を図らなければならないと判断し、辞任を決意した」と述べた。「国民には他人事のように聞こえた」という質問に、福田氏は、こう切り返した。

「あなたは『他人事のようだ』というが、私は自分自身を客観的に見ることができる。あなたとは違う」

実際、福田氏は、衆参ねじれという政局の厳しさを「客観的に見る」ことで、退陣という選択をしたのだろう。「常識人」と言われてきた福田氏は、波静かな政治情勢であれば立派な政策を遂行できたかもしれない。だが、現実の政局は常識人の手に負えなかった。

1年の首相在任中、福田氏は中国との関係改善を進め、北海道・洞爺湖サミットでは議長として地球温暖化の枠組みづくりを果たした。政府の公文書管理の改善に向けた対策を打ち出すなど、地味ではあるが、重要な問題提起も行った。

16 逆風に沈んだ麻生首相、未熟だった理念の鳩山首相

福田首相の突然の退陣

2008（平成20）年9月1日、福田康夫首相が突然、退陣を表明。自民党内は動揺した。衆院議員の任期満了まで1年。その間には解散・総選挙がある。このままで選挙が戦えるのか。小沢一郎代表が率いる民主党に政権を引き渡すことになるのではないか。そんな不安が自民党をおおっていた。

福田氏は「総選挙の顔」として麻生太郎・自民党幹事長を後継首相に推していたが、自民党内では異論も多かった。麻生氏に対抗して石原伸晃、小池百合子、石破茂、与謝野馨の各氏がそれぞれ20人の推薦人を得て、名乗りを上げた。総裁選の日程は9月10日告示、22日投票になった。

その最中、世界経済を揺るがす出来事が起こる。リーマン・ショックである。9月15日、米国の金融市場の混乱を受けて、大手証券会社リーマン・ブラザーズが経営破綻。影響は世界中に広がり、日本も例外ではなかった。

衆院解散を先送りした麻生首相

その混乱のなか、行われた総裁選（国会議員と地方代表が参加）の投票結果は、麻生氏351票▽

与謝野氏66票▽小池氏46票▽石原氏37票▽石破氏25票。麻生氏の圧勝だった。

麻生氏は24日に召集された臨時国会冒頭で首相に指名され、同日中に麻生内閣が発足した。官房長官には、麻生氏と文教族仲間の河村建夫氏が起用された。また、少子化担当相に小渕優子氏、消費者担当相に野田聖子氏、農水相に石破茂氏など、総選挙を意識して人気の高い閣僚が並んだ。自民党幹事長には幹事長代理だった細田博之氏が昇格した。

リーマン・ショックの影響で株価は低迷。米国のブッシュ（子）大統領から、主要先進国に中国、インドなどの新興国を加えた「G20」を創設し、世界経済の立て直し策を話し合いたいという提案が寄せられた。「G20」は11月15日にワシントンで初会合を開くことになった。麻生首相は経済対策を重視し、解散の先送りを決定。福田氏が想定していた早期解散による政局の転換はできなくなった。

秘書逮捕で小沢一郎氏が民主党代表辞任

年が明けて2009年。通常国会は、衆院の解散・総選挙をにらんで与野党が全面対決する舞台となった。2月5日の衆院予算委員会で、麻生首相は郵政民営化について「賛成ではなかった」と答弁。小泉純一郎元首相は「怒るというより、笑っちゃう」と反論し、自民党内の混乱をさらけ出した。

さらに、予算案審議の責任者である中川昭一財務相が不祥事を起こす。2月14日、ローマで開かれた国際会議に出席していた中川氏は、記者会見の席で朦朧《もうろう》として呂律《ろれつ》が回らない。酒好きで知られる中川氏だから、会見前に飲酒していたという疑惑が出た。本人は否定したが、野党側は納得せず、中川氏は帰国直後に辞任。財務相は与謝野経済財政相の兼務となった。

野党の民主党は勢いづいたが、その矢先に、こんどは検察が動いた。3月3日、東京地検特捜部は小沢代表の公設第一秘書を政治資金規正法違反の容疑で逮捕。小沢氏の事務所などを家宅捜索した。小沢氏の政治資金管理団体「陸山会」に、中堅ゼネコンの西松建設から不正な資金提供があったというのだ。小沢氏の責任をめぐって民主党内は混乱。自民党内ではこの機に衆院解散に打って出るべきだという意見が出たが、麻生首相は踏み切れなかった。

大型連休明けの5月11日、小沢氏は秘書逮捕の責任をとって代表辞任を表明。民主党は後継選びに入った。小沢氏の支援を受ける鳩山由紀夫氏と「脱小沢」をめざす岡田克也氏が立候補。党内を二分する激しい争いとなった。

任期満了回避が精いっぱいの麻生首相

16日、国会議員のみの投票が行われ、鳩山氏が124票、岡田氏95票では鳩山氏が新代表になった。党内最大勢力を握る小沢氏が、鳩山陣営にテコ入れした効果が票差に表れた。

鳩山代表は岡田氏を幹事長に据えて、「党内融和」を呼びかけたが、小沢氏も筆頭代表代行として処遇。選挙の公認や資金配分などの実権は小沢氏が握り続けた。民主党は、この代表選で露呈した「小沢対反小沢」の党内対立を、その後も抱え続けることになる。

党の顔を鳩山氏に替え、民主党はさらに攻勢を強めた。7月12日投票の東京都議選では定数127のうち54議席を獲得（20議席増）、第一党に躍進した。自民党は10議席減の38議席にとどまった。自民党への逆風は明らかだった。しかし、麻生首相には打つ手がなく、衆院が任期満了（9月10日）で総選挙となる事態を避けるのが精いっぱいだった。7月21日、衆院は解散され、選挙は8月18日公示、30日投票と決まった。

日本政治の分岐点となった2009年総選挙

この総選挙は文字通り、日本政治の分岐点となった。

昭和から平成に代わったころから、日本の政治は二大政党が競い合う制度を模索。政治改革によって衆院に小選挙区制が導入された。政治に緊張感がもたらされ、政権交代が起きやすい制度といわれた。小選挙区制による総選挙は、1996年、2000年、03年、05年と実施されたが、政権交代は起きず、野党の離合集散が繰り返された。

公明党との連立や小泉純一郎首相の「絶叫」で生き延びた自民党だったが、本来、小選挙区は非情な制度だ。政権与党が成果を出せなければ、野党が一気に多数を占めて政権を奪取することになる。オセロゲームのような総選挙が始まった。

民主党の小沢代表代行は、民主党が大勝した07年参院選の再現を狙った。得意のコントラスト作戦を展開。森喜朗、福田康夫両元首相ら長老には、対照的な若い女性候補をぶつけてみせた。また、公明党の冬柴鉄三・元幹事長の対抗馬には、小沢氏と親しい新党日本代表の田中康夫元長野県知事を擁立し、メディアの関心を集めた。

この総選挙は、各党がマニフェスト（政権公約）を競う場ともなった。民主党は①中学生以下の子どもに月2万6000円の手当てを支給②公立高校の実質無料化③農漁業に個別所得補償制度④高速道路の無料化、などの政策を打ち出した。自民党は①高校・大学に新たな給付型奨学金制度を創設②10年間で家庭の手取りを100万円増やす、などを打ち出したが、民主党に比べ、地味な内容だった。

選挙戦のさなか、民主党の鳩山代表は沖縄の米軍普天間飛行場の移設問題について「最低でも県外」と繰り返した。この発言が、やがて自分に重くのしかかるとは、その時は本人も自覚していなかった。

政権交代を生んだ要因は

8月30日に投開票。定数480のうち、民主党は308議席を獲得。自民党は119議席にとどまった。1955年の結党以来、自民党は初めて、衆院で第一党の座を明け渡した。以下、公明党21議席、共産党9議席、社民党7議席、国民新党3議席などだった。

政権を担うことが確実になった民主党の鳩山代表は9月9日、社民党の福島瑞穂党首、国民新党の亀井静香代表と党首会談を行い、民主・社民・国民新党の連立政権を結成することで合意した。

平成が後半にさしかかったこの時期に、歴史的な政権交代が実現した原因は何だったのか。総選挙中に聞いた鳩山氏の体験談が印象深い。

青森県八戸市で演説していたら、最前列にいた女性が泣き出した。話を聞くと、「仕事が見つからないので帰省していた息子が自殺しました。こういう政治、どうにかなりませんか」と訴えてきた。鳩山氏は「言葉を失った」そうだ。大都会の繁栄をよそに、苦労を抱える人々。その反乱が政権交代を生んだ大きな原因だろう。

振り返れば、冷戦後のグローバル化で、安価な外国製品が流入し、工場は海外へ移転、非正規労働者が急増した。これに対し、小泉純一郎政権は規制緩和、公共事業削減といった新自由主義的な政策を打ち続けた。それでも派手なパフォーマンスで人気を博した。格差が広がり、政策の修正が必要だったのに、自民党は柔軟さを欠いていた。

続く安倍晋三政権は、政策の修正をしきれずに退場。福田康夫政権は、民主党との大連立で打開しようとしたが、頓挫した。麻生太郎政権は、リーマン・ショックも加わり、為す術がなかった。自民党が下野するのは必然だった。

暗闘の末、幹事長になった小沢一郎氏

9月16日には特別国会が召集され、鳩山氏が首相に選出された。ただちに新内閣の組閣が行われ、官房長官には平野博文、副総理・経済財政相には菅直人氏、財務相には藤井裕久の各氏が就任。亀井静香氏は金融・郵政改革担当相、福島瑞穂氏は消費者担当相に就いた。

組閣に先がけて、民主党の幹事長ポストをめぐって、暗闘が繰り広げられた。総選挙を幹事長として取り仕切った岡田克也氏は続投を希望。「小沢氏に幹事長を渡せば、党を乗っ取られる。表の政府を裏の党がコントロールする二重構造は良くない」というのが岡田氏の主張だった。しかし、小沢氏は幹事長ポストにこだわった。菅氏は岡田氏を支持したが、最終的には鳩山代表の判断で小沢幹事長が決定。岡田氏は外相に回った。

党の政策調査会をめぐっても綱引きがあった。民主党は政権をとったら党の政策調査会を活動休止として、政策決定は内閣に一元化すると公約していた。自民党の政策決定が政務調査会と内閣の二本立てとなっていることへの対案でもあった。

実際に政権交代を実現すると、菅氏は政策調査会を残し、自分が政調会長を兼務して内閣に入る構想を描いていた。だが、小沢氏は政策調査会を廃止し、政策決定は内閣に一元化、選挙や国会運営などの党務は幹事長がすべて取り仕切ることを提案した。執行部内の議論は紛糾したが、最終的には鳩山代表の判断で政策調査会は廃止となった。

これが民主党の内紛の火種となる。衆参400人ほどの民主党国会議員のうち、閣僚、副大臣、政務官などで閣内に入れるのは80人程度。それ以外は政策決定には直接、関わることができない。それが、やがて鳩山首相や菅直人副総理らへの不満を募らせ、小沢氏の勢力拡大につながる。その結果、党内対立が深刻になっていく。

内閣支持率7割、滑り出しは好調な鳩山内閣

一方、下野した自民党はどうなっていたのか。

麻生総裁の後継を決める総裁選には、谷垣禎一、河野太郎、西村康稔《やすとし》の3氏が立候補した。9月28日、国会議員と地方党員による投票が行われ、谷垣氏が300票を獲得。河野氏(144票)、西村氏(54票)を引き離して当選した。谷垣氏は幹事長に大島理森氏を起用、党の再生を誓った。しかし、国会近くの党本部を訪れる陳情客の姿はまばらで、政策を説明する官僚は、局長級から課長級に格下げされていた。

鳩山首相は9月21日、ニューヨークに向けて出発。国連総会などで外交デビューを果たした。オバマ米大統領、胡錦濤・中国国家主席らと次々と会談し、日本の政権交代をアピールした。さらに国連気候変動サミットでは、日本の温室効果ガス排出について、2020年までに1990年比で25%削減をめざすという意欲的な中期目標を明言。欧州各国などから高く評価された。

10月26日には臨時国会が召集され、鳩山首相は就任後初となる所信表明演説を行った。子ども手当の創設、高校の実質無償化などマニフェストで打ち出した政策を並べたうえで、「一人ひとりの居場所のある社会」「コンクリートから人へ」といったスローガンを強調した。各種世論調査では、内閣支持率が7割にのぼり、政権の滑り出しは順調だった。

11月11日には、民主党が歳出削減の目玉と位置づけてきた「事業仕分け」が始まった。蓮舫氏や枝野幸男氏ら「仕分け人」が、各省庁や外郭団体の事業の点検を進めた。「この補助金は必要なのか」「天下りは何人いるのか」といった追及がテレビで放映され、喝采を浴びた。それでも、約450件が仕分けされた結果、歳出削減につながったのは約6900億円。民主党のマニフェスト実現に必要な初年度約7兆円には遠く及ばなかった。

「あなたは平成の脱税王だ」

12月には鳩山首相の政治資金問題が発覚。献金者の名簿にすでに死亡した人の名前があるなどの問題が明らかになり、東京地検特捜部は経理担当だった元公設秘書を在宅起訴した。捜査の過程で、鳩山氏が母親から毎月1500万円の贈与を受けていながら納税していなかったことが判明。年間1億8000万円、6年で約11億円が申告されておらず、鳩山氏は修正申告して、約6億円を追加納税した。自民党の与謝野馨氏は衆院予算委員会で、鳩山首相に向かって、「あなたは平成の脱税王だ」と批判した。

年が明けて2010年。東京地検特捜部は1月13日、小沢氏の事務所などを家宅捜索した。小沢氏の政治資金管理団体「陸山会」の土地購入に絡む政治資金規正法違反（不記載）の容疑だった。特捜部はさらに15日、小沢氏の元秘書の石川知裕衆院議員の逮捕に踏み切った。23、24両日には小沢氏本人から事情聴取。小沢氏本人の関与が焦点となったが、特捜部は嫌疑不十分で不起訴処分とした。しかし、その後もこの問題は検察審査会に持ち込まれ、小沢氏は政治資金疑惑を抱え続けることになる。

普天間飛行場の移設問題で致命傷、退陣へ

鳩山首相にとって致命傷となったのは、米軍普天間飛行場の移設問題だった。自民党政権下で辺野古への移設が決まり、準備が進められていたが、鳩山氏は総選挙のさなかに「最低でも県外」と表明。民主党の「公約」と受け止められていた。

しかし、米政府は既定方針通り、辺野古への移設を進めるよう要求。海兵隊の訓練場として鹿児島県の徳之島など代替地も検討されたが、いずれも拒否された。鳩山首相は5月4日、沖縄県を訪問。仲井真弘多《ひろかず》知事と会談し、「日米同盟や抑止力との観点から全てを県外というのは現実的には難しい」と述べ、県外移設断念を伝えた。鳩山氏は「学べば学ぶにつけて、沖縄の米軍が連携して抑止力を維持していると分かった」とも述べた。安全保障についての基本的な認識ができていないことを露呈した。

日米両政府は28日、普天間飛行場の移設先を辺野古とする共同声明を発表。日本側はこの共同声明を閣議了解することになっていたが、社民党代表の福島瑞穂消費者担当相が署名を拒否。鳩山首相は福島氏を罷免した。社民党は30日、連立からの離脱を決めた。

行き詰まった鳩山首相は退陣を決意。小沢幹事長と会談し、二人がともに辞任することになった。

6月2日の両院議員総会で退陣を表明した。喝采を浴びて政権がスタートしてから8カ月余。持論である「友愛」など理念を語ることは多かったが、現実の政権運営の未熟さをさらけ出した。民主党は後継の代表・首相選びに入るが、党内対立はいっそう深まっていく。

鳩山氏が首相在任中、何度か単独で取材する機会があった。鳩山氏は普天間問題に関連して「私は米スタンフォード大で学んだこともあり、米国が大好きなんです。オバマ大統領も普天間の県外移設は理解してくれるはず」と話していた。ただ、米国は、安全保障という国の根幹に関わる問題では、冷徹に実利を重視する。「理念」だけでは通じない。そういう重い「現実」を理解していなかった。

17 3・11、小沢氏との抗争…混乱続いた菅政権

「反小沢」を打ち出し菅内閣がスタート

2010(平成12)年6月2日、鳩山由紀夫首相の退陣表明を受けて、民主党は後継の代表選びに入った。まず手を挙げたのは、菅直人・副総理兼財務相だった。

鳩山氏とともに幹事長を辞任した小沢一郎氏の立候補が封じられるなか、岡田克也・外相、前原誠司・国土交通相、野田佳彦・財務副大臣らが相次いで菅氏支持を表明。優位に立った菅氏は、政治資金問題を抱える小沢氏について「小沢氏は国民の不信を招いた。しばらく静かにしていただいた方が本人、民主党、日本の政治にとっていいのではないか」と発言した。小沢氏を支持するグループは反発し、対抗馬として樽床伸二氏を推した。

4日に国会議員による投票が行われ、菅氏が291票を獲得、129票の樽床氏に圧勝した。菅氏は直ちに衆院本会議で首相に指名され、8日に菅内閣が発足する。

菅首相は官房長官に仙谷由人氏、財務相には野田佳彦氏を充てた。また、党の政策調査会を復活させ、玄葉光一郎氏に政調会長と内閣の公務員制度改革担当相を兼務させた。党幹事長には枝野幸男氏が起用された。いずれも「反小沢」を訴えてきた面々だ。菅政権が「反小沢」を明確に打ち出したことで、内閣支持率は上昇。そのまま、夏の参院選(6月24日公示、7月11日投票)を迎えるはずだった。

突然、「消費税率10％」を提起した菅首相

そこに波乱が起きる。6月17日、民主党の政策発表で菅首相が突然、「消費税率10％」を提起したのだ。

背景がある。この年の春、菅氏は財務相としてギリシャの経済危機への対応を関係国などと話し合った。財務省の官僚からは「日本も財政赤字を増やし続ければ、財政破綻が避けられない」と言われていた。菅氏は当時、私の取材に「民主党政権が子ども手当などで歳出を拡大するなら、財源を確保するのは当然のことだ」と語っていた。

菅首相の唐突な消費税率アップの提起には、自民党による消費税の5％から10％に引き上げ提案に〝便乗〟しようという計算があった。だが、選挙前の増税提起がどんな反応を呼ぶか、菅氏の見通しの甘さはすぐに露呈する。

参院選は増税が最大の争点となった。連立与党だった国民新党の亀井静香代表をはじめ、自民党を離れた渡辺喜美氏が率いるみんなの党、共産党などが「増税反対」を唱えた。

7月11日の投票日。改選121（選挙区73、比例区48）のうち、自民党が51議席を獲得して改選第一党に。民主党は44議席にとどまり、菅首相が掲げた「改選議席54プラスアルファ」という目標を大きく下回った。その他は、みんなの党が10議席、公明党が9議席、共産党が3議席などだった。

12日未明の記者会見で「責任ある政権運営を続けていきたい」と続投を宣言した菅首相だったが、自民党の谷垣禎一総裁は「一刻も早く解散し、国民の信を問うべきだ」と気勢をあげた。

菅直人氏と小沢一郎氏の相違点と共通点

民主党は秋に代表選を控えていた。鳩山由紀夫前代表の任期（2年）が10年9月で切れるためだ。参院選の敗北を受けて、小沢氏が出馬に意欲を見せた。8月19日、長野県軽井沢町にある鳩山氏の別荘に小沢、鳩山両氏のグループ約160人が結集。事実上の小沢擁立の「決起集会」となった。その後、鳩山氏が「菅代表・小沢幹事長」で妥協するよう菅、小沢両氏に打診するが、菅氏は拒否。民主党を二分する代表選に突入した。

国会議員に加え、党員・サポーター、地方議員も参加する代表選は9月1日告示、14日投票で行われた。小沢、鳩山両グループの所属議員は党内の4割近くを占めるため、国会議員票では小沢氏が優勢で、党員票では菅氏が優位と見られていた。結果は、国会議員票で菅氏が206票を獲得、200票の小沢氏を僅差で抑えた。党員・サポーター、地方議員を合わせた全体では、菅氏721ポイント、小沢氏491ポイント。両雄の対決は菅氏の圧勝で終わった。

市民運動出身で政界の「一匹狼」の菅氏と自民党最大派閥を仕切った小沢氏。二人は対照的な政治家だ。

なにより自民党との向き合い方に大きな違いがある。菅氏は、官僚や業界との癒着こそ自民党政治の問題点だと指摘し、政治文化の転換を訴えてきた。小沢氏にとって自民党は権力闘争のライバルだ。政権を奪還して官僚や業界とのパイプを自民党から民主党に付け替える戦略を描く。一方、二人には共通点もある。権力欲だ。権力を手にするためには権謀術数もいとわない。二人を軸とした民主党内の抗争は、止まることがなかった。

代表選で小沢氏を退けた菅首相は、党役員人事と内閣改造に着手。枝野幹事長を幹事長代理に降格して、後任の幹事長に岡田外相を充てた。外相には前原国交相、総務相には民間から片山善博・前鳥取県知事を起用した。9月17日、改造内閣が発足した。

代表選で破れた小沢氏を、さらなる試練が見舞う。10月4日、小沢氏の政治資金管理団体「陸山会」の収支報告書虚偽記載問題をめぐって、検察審査会が「起訴すべきだ」とする議決を公表。小沢氏は強制起訴されることになった。

「政策職人」与謝野馨氏を経済財政担当相に起用

年が明けて2011年1月。菅首相は4日の年頭会見で、社会保障と税の一体改革を進める考えを表明。「超党派の議論を開始し、6月ごろをめどに方向性を出したい」と語った。念頭にあったのは、与謝野馨元経産相の入閣だった。

与謝野氏は自民党が下野した後に離党し、新党「たちあがれ日本」に所属していた。経済・財政政策に精通し、菅首相が狙う税と社会保障の一体改革の司令塔にはうってつけの「政策職人」だった。

菅首相は14日、内閣改造を行い、与謝野氏を経済財政担当相に起用する。仙谷由人官房長官は民主党代表代行に転じ、後任の官房長官には枝野幸男氏が就いた。

24日、通常国会が召集され、菅首相は初めての施政方針演説を行った。税と社会保障の一体改革について「与野党間で議論を始めよう」と呼びかけたほか、TPP（環太平洋経済連携協定）を「平成の開国」と位置付けて参加に意欲を見せた。だが、野党の自民党は静観、民主党内でも賛同は広がらなかった。

1月31日、小沢氏が政治資金規正法違反で在宅起訴された。民主党は2月22日の常任幹事会で、小沢氏に対し、判決が確定するまで「党員資格停止」とすることを決めた。小沢氏は「被告」の身となり、政治的影響力が低下していく。

参院決算委員会を襲った大きな揺れ

3月4日の参院予算委員会で、自民党の西田昌司氏が前原外相に「外国人から献金を受けている。責任を取るべきだ」と追及。前原氏はあっさりと認めて、外相を辞任した。後任には松本剛明外務副大臣が昇格した。外国人献金問題はさらに広がりを見せた。11日付の朝日新聞は、菅首相に在日韓国人から104万円の違法献金があったことを報じた。

前原外相辞任の直後でもあり、自民党からは「菅首相も辞任するのでは」といった憶測も流れた。

私は、菅首相に確認した。「献金者が日本名だったので外国籍と知らなかった。確認して全額を返金したい。辞任は全く考えていない」との反応だった。この日午後の参院決算委員会。違法献金問題を追及する自民党の攻勢を、菅首相は同様の答弁でしのごうとした。その時、委員会の部屋のシャンデリアが大きく揺れ動いた。

座っていた閣僚や議員から「地震だ」という声があがる。午後2時46分。マグニチュード9・0の大地震が東日本を襲った。未曾有の混乱が始まった。

福島第一原発事故で原子力緊急事態を宣言

私は朝日新聞政治部が取材拠点にしている国会記者会館に行き、同僚と情報収集した。テレビでは岩手、宮城、福島の沿岸地域が津波に襲われている光景が映し出されていた。警察情報で「死者200人」と伝えるテレビもあったが、「それでは済まないだろう」と感じた。

午後4時11分、全閣僚出席の緊急災害対策本部が首相官邸で開かれたが、被害の全容は分かっていない。東京電力福島第一原発では、大津波によって緊急炉心冷却装置を動かす非常電源にトラブルが発生。原子炉が冷却できない状態に陥っていた。夜になって原子力災害特別措置法に基づく原子力緊急事態が宣言され、第一原発から半径3キロ以内の住民を避難させるよう自治体に指示が出された。

翌12日早朝、菅首相は陸上自衛隊のヘリコプターで首相官邸を飛び立ち、福島県大熊町の第一原発を訪問。吉田昌郎《まさお》所長ら東電幹部が対応した。首相官邸で指揮をとるべき菅氏が現場に乗り込んで行ったことには政府部内からも批判が出たが、菅氏は「文系の政治家よりは原発のことを理解できる理系の私自身が行ったほうがよいと考えた」と説明していた。

原発事故はさらに深刻になっていく。12日午後3時36分には第一原発の1号機で水素爆発が起き、原子炉建屋が吹き飛んだ。14日午前11時すぎには3号機も爆発した。

「最大の不幸であり、一番の僥倖であった」

翌15日早朝、菅首相は官邸から車で5分ほどの距離にある東京電力本社に乗り込んだ。約200人の職員を前にマイクを握った。

「今、福島第一から撤退すれば、1号機から4号機、5、6号機まで全部爆発する。福島第一原発だけでなく福島第二原発も爆発する」「日本の領土の半分が消えることになる。日本の国が成り立たなくなる。何としても命がけで、この状況を抑え込まないといけない」「東電は逃げても、絶対に逃げ切れない。金がいくらかかっても構わない。日本がつぶれるときに撤退はありえない。撤退したら、東電は100%つぶれる」（注1）

福島第一原発からの東京電力の撤退は絶対に認めないという、菅首相の意思表示だった。しかし、菅首相の言葉があまりにも激しかったため、「東電側は原発事故に対して菅首相と一緒に立ち向かうというより、恐怖感の方がまさってしまった」と当時の菅首相の側近は話していた。

東京電力の撤退は見送られ、自衛隊がヘリコプターによる決死の給水作業を断行した。東京消防庁による懸命の給水も実施された。原発の冷却システムも動き始めた。「東日本壊滅」といった最悪の事態は免れたが、東日本大震災は岩手、宮城、福島の3県を中心に、死者・行方不明は2万2000人を超え、避難した人はピーク時で47万人に達した。日本の歴史上、極めてまれな大災害となった。

菅政権の対応はあまりにも未熟で、後手に回ったのは事実だ。しかし、福島第一原発を運営していた東京電力に対し、菅首相は利害関係がほとんどなかったこともあって、「撤退は許さない」姿勢を貫くことができたことも確かである。

原発事故をつぶさに検証した船橋洋一氏は、菅首相について、こう記した。

「菅直人という危機時のリーダーシップは「最大の不幸であり、一番の僥倖であった」とでも表現するほかないのかもしれない」（注2）

注1　船橋洋一『カウントダウン・メルトダウン　上』（文藝春秋　2013）P331－332

注2　船橋洋一『カウントダウン・メルトダウン　下』（文藝春秋　2013）P442

他人事ではなかった福島の苦悩

大震災の発生を受けて、取材のため各地を歩いた。福島出身の私にとって、故郷の苦悩は他人事ではなかった。

南相馬市には子どものころに海水浴に訪れた。県立福島高校時代には、飯舘村から通学していた友人がいた。飯舘村は、福島第一原発から約50キロも離れ、原発で働く人もほとんどいない。だが、風の影響で放射線量が上がり、全村が避難の対象になった。高校の先輩に当たる菅野典雄村長は「放射能は色もない、匂いもないのに、長い間住んできた村を出ろと言われ、飼ってきた牛を処分しろと言われる。これ以上ない理不尽を体験した」と語っていた。

原発周辺の浪江町、双葉町や川内村なども取材に歩いた。仮設住宅でたくさんの人たちに話を聞いた。励ますつもりが、「あんたも、新聞記者としてがんばって」と言われることが多かった。福島県人の「人情」を感じた。

求心力を回復できずに退陣

大震災と原発事故に翻弄された菅政権は、求心力を失った。菅首相は自民党との大連立を模索したが、谷垣禎一総裁に拒否されて失敗。それでも、5月には静岡県の浜岡原発の運転停止を中部電力に要請して実現するなど「脱原発」を進めようとした。

6月には、与謝野経済財政担当相が「税と社会保障の一体改革案」をまとめた。消費税率について「2010年代半ばまでに段階的に10%まで引き上げ、当面の社会保障改革の安定財源を確保する」と明示した。しかし、政権の求心力を回復することはできなかった。

自民、公明両党は、内閣不信任案提出の構えを見せ、民主党内でも小沢グループを中心に同調の動きが出るなか、菅首相は退陣を決意。8月26日の両院議員総会で退陣を正式に表明した。「楽観的性格のなせる業かもしれないが、与えられた条件の中でやるべきことはやった。一定の達成感を感じている」と語った。

菅氏と親しい笹森清・元連合会長からこのころ、こんな話を聞いた。「七転び八起きという言葉があるが、菅さんはまだ、三転び四起きぐらいだと思っているのではないか。根っからの楽観主義者だから」

菅氏は首相退陣後も、衆院議員として「脱原発」の運動を続けている。

内憂外患のなか、野田佳彦内閣が発足

菅首相の後継を決める民主党代表選は8月27日告示、29日投票という慌ただしい日程で進められた。立候補したのは前原誠司、海江田万里、野田佳彦、鹿野道彦、馬淵澄夫の5氏。小沢、鳩山グループの支援を受けた海江田氏が優勢と見られたが、前原、野田両氏は「決選投票になったら互いに全面協力する」ことを確認し、海江田氏に対抗した。

投票は国会議員だけで行われ、1回目の投票結果は海江田氏143票▽野田氏102票▽前原氏74票▽鹿野氏52票▽馬淵氏24票。過半数を獲得した候補者はおらず、決選投票にもつれこんだ。その結果、野田氏が215票を獲得、177票の海江田氏を大きく引き離して圧勝した。野田、前原両氏の狙い通りだった。

野田氏は翌30日の衆院本会議で首相に指名された。野田氏は1957年生まれ、千葉県議を経て、93年総選挙で日本新党から初当選。民主党国会対策委員長、財務副大臣などを経験。酒豪で豪放な性格で知られる。

9月2日には野田内閣が発足した。民主党幹事長には参院議員会長だった輿石東《こしいしあずま》氏が就任。官房長官には野田氏の側近の藤村修氏が起用された。外相には玄葉光一郎氏、財務相には安住淳氏が抜擢された。

党内に小沢氏らの反乱の動きを抱え、党外では自民党の攻勢が待ち構える。まさに内憂外患の船出であった。

18 ドジョウ野田首相の挫折と安倍氏の執念の返り咲き

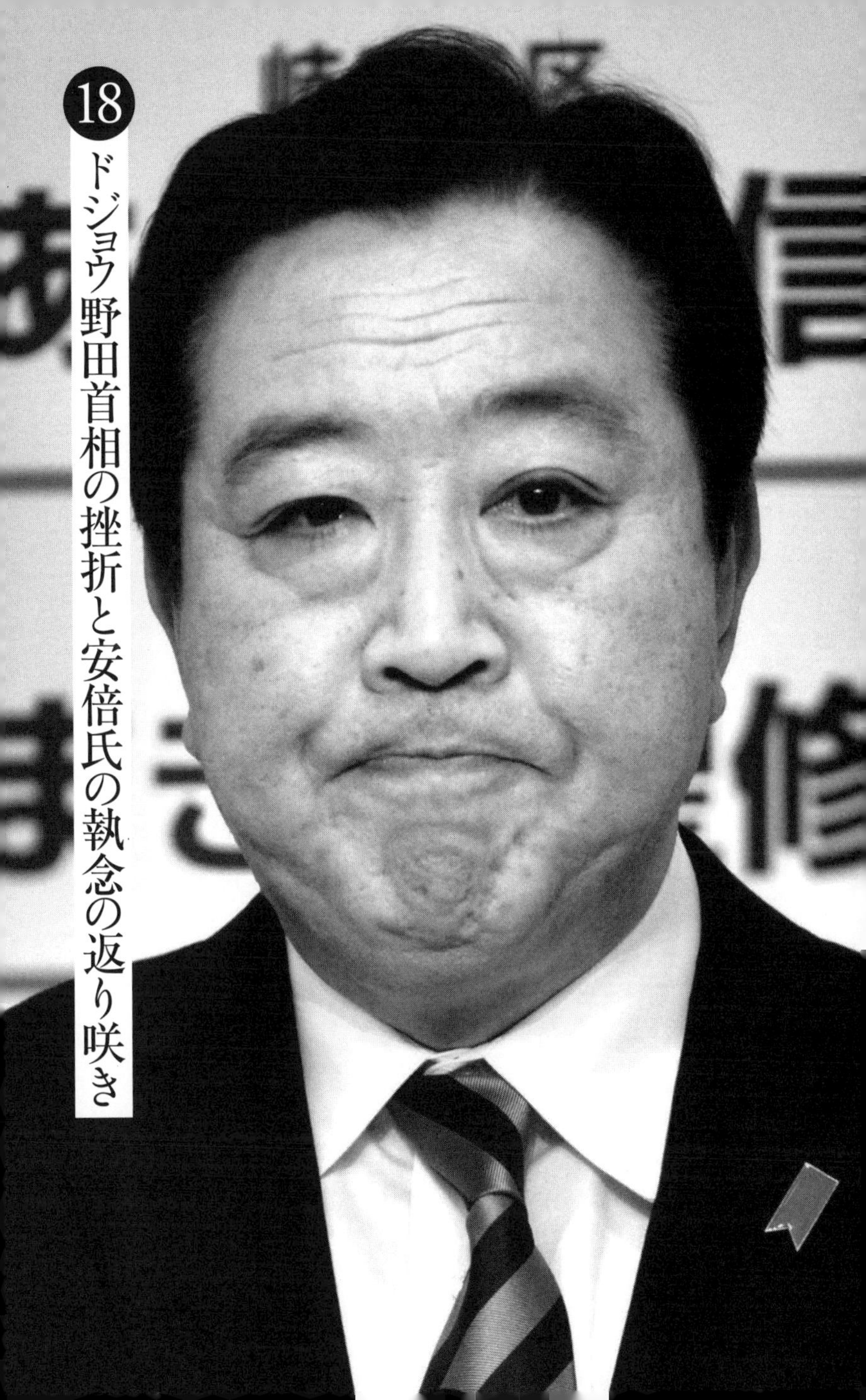

「泥臭くとも粘り強く、国民のために汗をかく」

2011（平成23）年8月30日に発足した野田佳彦内閣は、民主党内の融和と野党の自民、公明両党との対話に動いた。野田首相自身も「私は鰻でも金魚でもない。ドジョウのようなもの。泥臭くとも粘り強く、国民のために汗をかく」と語り、庶民政治家をアピールした。

鳩山由紀夫、菅直人両政権下でぎくしゃくした霞が関の官僚組織との関係改善も進めた。野田首相は財務相、財務副大臣を経験したこともあり、財務省の信頼が厚かった。当時の事務次官は勝栄二郎氏。茫洋とした雰囲気だが、芯は強く、省内の人望も厚かった。勝次官は、財政再建を重視する野田首相の下でなら消費税率の引き上げができると思い定めていた。

民主党内では、党員資格が停止中の小沢一郎氏の影響力は依然として大きく、野田首相の足元を揺さぶっていた。その小沢氏にとって誤算となる判決が9月26日、東京地裁で出された。石川知裕衆院議員ら小沢事務所の元秘書3人が、政治資金規正法違反（虚偽記載）を問われていた裁判で、3人とも有罪となったのだ。判決は、東北地方の公共事業に小沢事務所が深く関与し、裏献金を受け取っていたことも指摘。小沢氏には痛手となった。

ＴＰＰ参加、消費増税。政策で求心力を求めたが……

野田首相は、政策を進めることで政権の求心力を維持しようとした。

まず、自由貿易圏をめざすＴＰＰ（環太平洋経済連携協定）への参加だ。11月中旬にハワイで開かれるＡＰＥＣ（アジア太平洋経済協力会議）首脳会議での参加表明に向けて、政府・民主党内の調整を進めた。民主党内では、小沢グループが「ＴＰＰ参加で関税を引き下げれば、農業への影響は深刻だ」と反発した。それでも、野田首相は11月11日深夜、記者会見し、「ＴＰＰ交渉参加に向けて関係国との協議に入る」と表明。中途半端な表現ではあったが、ＴＰＰ参加に向けて前進した。野田首相は翌12日、ハワイに向けて羽田空港を飛び立った。

さらに、消費増税を柱とする税と社会保障の一体改革もめざした。12月1日、野田首相は民主党の両院議員総会で一体改革の素案を年内にまとめる方針を表明。29日には民主党税制調査会などの合同会議で「５％の消費税率を２０１４年４月に８％、15年10月に10％に引き上げる」という案を提示した。

年が明けて12年1月13日、野田首相は内閣改造に踏み切り、「兄貴分」と頼る岡田克也氏を副総理・一体改革・行革担当に迎え入れた。民主党は3月14日から消費税と社会保障関連の合同会議を断続的に開催。前原誠司政調会長が仕切る形で実質8日間、計46時間のマラソン論議が続いた。そして3月30日、消費増税を中心とした一体改革の関連法案が閣議決定された。

野田首相と谷垣自民党総裁の信頼関係

民主党内では小沢グループが「増税は2009年総選挙時のマニフェスト（政権公約）に書いていないから公約違反だ」として反対。党内の意見が割れたまま、国会審議が始まった。そうしたなか、東京地裁は4月26日、政治資金規正法違反（虚偽記載）に問われていた小沢氏に対して無罪の判決を下した。民主党の輿石東幹事長は小沢氏の党員資格停止を解除。検察官役の弁護士は控訴したが、小沢氏の影響力は回復し始めた。

これに対し、野田首相は自民党の谷垣禎一総裁と接触。実は野田、谷垣両氏にはパイプがあった。野田氏が1993年衆院選に日本新党から立候補、初当選した直後、自民党の中堅議員だった谷垣氏が会食に誘っていた。野田氏にとって、谷垣氏は一緒に酒を飲んだ初めての自民党政治家だった。二人は財政再建だけでなく、「ポピュリズム（大衆迎合）の政治は良くない」といった話題で意気投合した。

それから20年近くが経ったが、信頼関係は続いていた。野田氏が谷垣氏の好きな赤ワインを贈り、谷垣氏は地元・京都の地酒を贈った。公明党の山口那津男代表も交えた会合を重ね、消費増税と社会保障充実の改革で一致。6月8日、民主、自民、公明の3党による正式な話し合いが始まり、同15日に最終的な合意が成立した。

財務相を経験した谷垣総裁には、財政再建のための消費増税が避けられないという持論があった。くわえて、この関連法案を成立させて衆院の解散・総選挙に持ち込めば、自民党の政権復帰への道が開けるという読みもあった。

税と社会保障の一体改革を実現

消費増税法案は、民主党内に反対を抱えたまま6月26日、衆院本会議に上程された。投票の結果、賛成が民主、自民、公明3党などの363票、反対が96票と圧倒多数で可決された。民主党内の造反は、小沢氏や鳩山由紀夫元首相ら57人が反対、棄権・欠席は15人だった。法案は参院に送られた。反対した小沢氏は離党し、新党「国民の生活が第一」を結成。衆院議員37人、参院議員12人が参加し、小沢氏が党首に就いた。

一方、自民党内では、谷垣総裁が野田首相から衆院の解散・総選挙を引き出せないまま増税が確定することに不満が募っていた。民主党などの与党が少数の参院で、自民、公明両党が反対すれば増税関連法案は否決される。政局が再び緊迫するなかで8月8日、野田首相と谷垣自民党総裁、山口公明党代表の3党首会談が開かれた。

会談の結果、①消費増税を中心とする税と社会保障の一体改革関連法案の早期成立を期す②成立した暁には近いうちに衆院解散・総選挙で民意を問う――などで合意。法案は10日の参院本会議で可決、成立した。野田首相は、直後の記者会見で「09年の総選挙で民主党は勝利させていただいたが、消費増税はマニフェストには明記していなかった。深くおわびしたい。増収分はすべて社会保障で還元されることを約束する」と語った。

3党合意の二つの意味

この3党合意は、二つの点で画期的だった。

第一に政策的な意味。少子高齢化によって社会保障費が増加し、財政赤字は拡大し続けている。将来世代にツケを回すのは限界だ。消費税を社会保障に充てることで、年金、医療、介護のシステムを安定させることができる。

第二に、政局的な意味。小選挙区制は二大政党制をもたらすが、政権交代をめぐって与野党の激しい対立は避けられない。ただ、そうしたなかでも、与野党に共通する政策課題では合意点を見いだしていくことが必要だ。消費増税による財政再建で民主、自民、公明の3党が歩み寄ったことは「小選挙区制のもとでも、政治指導者の決断次第では、重要な政策で与野党が合意を形成できる」ことが証明されたわけだ。

野田首相の持論は「ネクスト・エレクション（次の選挙）よりネクスト・ジェネレーション（次の世代）」である。3党合意は、まさに次世代のために政治が決断した成果といえる。

総裁選への出馬を断念した谷垣氏

しかし、現実の政治は野田氏や谷垣氏の思い通りには進まなかった。

谷垣総裁は自民党内の批判にさらされた。衆院解散・総選挙について「近いうちに」という曖昧《あいまい》な回答しか引き出せなかったことに、保守派が反発したのだ。9月の総裁選を控えて、保守派にはハト派の谷垣氏の続投を阻止したい思惑があった。そうした動きを抑える狙いもあって谷垣氏は8月28日、公明党の山口代表と会談、与党が少数の参院に野田首相の問責決議案を提出した。決議案は29日に自民、公明両党などの賛成多数で可決された。法的拘束力はないが、野田政権にとっては痛手となった。

ただ、これは谷垣総裁にとって最悪の一手でもあった。8月8日に消費増税で野田首相と合意したのに、28日には問責決議案を提出するという迷走ぶりを露呈したかたちになったからだ。自民党内では谷垣総裁の続投が有力視されていた総裁選（9月14日告示、26日投票）の行方が、この迷走を受けて混沌としてきた。

谷垣総裁の求心力は急速に低下。「総裁を支える」と明言していた石原伸晃幹事長も出馬を表明し、谷垣氏から離れた。谷垣氏は立候補に必要な推薦人20人の確保も難しい情勢となり、出馬断念に追い込まれた。立候補を表明したのは、石原氏のほか安倍晋三、石破茂、林芳正、町村信孝の各氏だ。

安倍晋三氏の総裁選「再チャレンジ」

このうち2007年9月に政権の座を降りた安倍氏は、総裁選「再チャレンジ」だった。難病である潰瘍性大腸炎という持病の悪化で退陣した安倍氏の政権復帰は難しいというのが、政界の大方の見方だった。しかし、本人は捲土重来を期し、地元の選挙区を熱心に回り、政策の勉強も再開していた。そのころ安倍氏を励ましていたのが、第1次安倍政権で総務相を務めた菅義偉氏と経済産業省から首相秘書官に就いていた今井尚哉氏だった。二人は、安倍氏が首相に復活した第2次安倍政権で、それぞれ官房長官、首相秘書官（政務）に就任する。

総裁選では、額賀派や石原派が推す石原氏が国会議員票で優位に立ち、地方党員票は石破氏がリードしているとみられた。9月26日の投票では、議員票で石原氏58票▽安倍氏54票▽石破氏34票▽町村氏27票▽林氏24票。地方票は石破氏165票▽安倍氏87票▽石原氏38票▽町村氏7票▽林氏3票だった。1回目の投票で過半数を得た候補がいなかったため、石破、安倍両氏による決選投票に。国会議員のみの投票は、安倍氏が108票、石破氏が89票となり、安倍氏が総裁に返り咲いた。安倍総裁は幹事長に石破氏を起用し、党内融和を進める一方で、野田首相に早期解散・総選挙を迫る姿勢を鮮明にした。

中国の反発を招いた尖閣諸島「国有化」

同じころ、民主党でも代表選が行われた。9月10日に告示され、野田首相（代表）のほか、原口一博、赤松広隆、鹿野道彦の各氏が立候補した。21日の投票には国会議員、党員・サポーターなどが参加、野田氏が818ポイントを獲得。原口氏（154ポイント）、赤松氏（123ポイント）、鹿野氏（113ポイント）を大きく引き離して再選された。

民主党が政権を担って3年が過ぎたが、稚拙な政権運営に世論の不満が募っていた。野田内閣のもと、内政では、円高による産業の空洞化も止まらず、景気の低迷が続く。また、外交でも手詰まりに陥っていた。

沖縄県の尖閣諸島をめぐって、東京都の石原慎太郎知事が地主から購入計画を表明。資金集めを進めた。石原氏らの思惑通り尖閣が売却されれば、灯台が造られ、港が整備される。領有権を主張する中国が猛反発するのは必至だ。そこで野田首相が決断したのが、国が購入する「国有化」だった。

私はその情報をいち早く入手。朝日新聞政治部の同僚と取材を重ねた結果、朝日新聞は7月7日付の朝刊で「尖閣国有化」を報じた。野田首相がすぐに認め、中国の反発はいっそう強まった。

9月9日、ロシアのウラジオストクで開かれていたAPECで野田首相と胡錦濤・中国国家主席が会談したが、胡主席は「すべて不法で無効だ」と抗議した。それでも、野田首相は9月11日の閣議で国有化を決定。中国では大規模な反日デモが続き、政府間交流も停止された。

党首討論で「解散する」

外交の混乱にくわえ、自民党の攻勢もあって、野田内閣の支持率は低迷した。10月1日には内閣改造に踏み切り、文部科学相に田中真紀子氏を起用したが、支持率が大きく回復することはなかった。さらに野田首相にとって気がかりだったのは、橋下徹・大阪市長が率いる日本維新の会が、総選挙に向けて準備を進めていることだった。野田氏には、早期解散であれば、日本維新の会の動きを抑え込めるという思いが芽生えていた。

11月14日、野田首相と安倍自民党総裁との党首討論が行われた。実はその前日深夜、野田氏の側近から「明日の党首討論で、総理は解散を明言する」という情報が寄せられた。だが、最終的な確認がとれず、新聞で報じることは見送った。それもあって、いつになく緊張して午後3時からの党首討論を凝視した。はたして……。

安倍氏はまず、野田首相が谷垣前自民党総裁とかわした「近いうち解散」を直ちに断行するよう求めた。これを受けて野田氏は、衆院の定数削減が必要だとしたうえで、「（自民党も）それを決断してもらえるなら解散する」と語り、「16日に解散してもいいと思っている」と言い放った。

首相にとって解散は、いわば「伝家の宝刀」だ。権謀術数を尽くして、自らに有利なタイミングで行使する。それゆえ、歴代の首相は解散権を政局の主導権を握るための手段ととらえていた。

だが、野田首相は違った。なによりも消費増税による財政再建が日本の将来にとって欠かせないという信念を持っていた。さらに、民主党について、「本物のステーツマン（政治家）150人ぐらいの集団が理想だ」と語り、仮に民主党が政権を失っても、理念・政策を共有する政治家が結集していれば、再び政権に復帰できるという展望を抱いていた。

後戻りした平成の「政権交代政治」

しかし、現実は厳しかった。16日の衆院解散を受けて、総選挙は12月4日公示、16日投開票で争われることになった。民主党への逆風はすさまじかった。官僚とのあつれきによる政権の混乱、党の分裂騒動、そして消費増税。民主党政治への世論の不満はいよいよ強まっていた。そして、民主党批判の底流には、長く続いたデフレ、円高という経済政策への不信があった。

そこで、安倍氏は民主党の経済政策批判に重点を置く。解散直後の記者会見では、「デフレ脱却に挑む。金融政策では日銀法改正も視野に入れ、大胆な金融緩和を行う」と述べた。総選挙で次期首相になる公算が大きい安倍氏の金融緩和発言に、市場は敏感に反応し、円安・株高となった。

各種の選挙情勢調査で自民党圧勝、民主党惨敗が予想されるなか、12月16日の投開票日を迎えた。結果は、自民党が294議席を獲得して圧勝。民主党は選挙前の230議席から57議席へと激減した。初挑戦の日本維新の会は54議席を得た。その他は、公明党31議席、みんなの党18議席、小沢氏が結成した日本未来の党9議席、共産党8議席、社民党2議席などだった。

野田首相は開票日の深夜に退陣を表明。安倍氏の首相復帰が確定した。

特別国会は12月26日に召集され、安倍氏を首相に指名。第2次安倍内閣が発足した。副総理・財務相には麻生太郎氏、官房長官に菅義偉氏、法相に谷垣禎一氏、外相に岸田文雄氏が起用され、挙党一致での船出となった。

民主党は政権交代から3年3カ月で野党に転落。自民党に対抗する勢力として登場した民主党だが、稚拙な政権運営は支持者の期待を裏切ることになった。それは民主党の挫折にとどまらず、衆院への小選挙区制の導入で動き出した平成の「政権交代政治」を、後戻りさせることとなった。

19 「挫折」から「一強」へ。安倍政権の権謀術数

官邸の布陣を強化、経済政策に重点

2012（平成24）年12月26日、安倍晋三氏が首相に返り咲いた。5年ぶりに首相官邸の主となり、第2次安倍内閣を発足させた安倍首相は記者会見で、「どうしてこの数年間で首相が代わったのか。最初に1年間で終わらざるを得なかった政権の担当者として、大きな責任を感じる。挫折の経験を生かしたい」と語った。何としても安定政権を作りたいという意気込みの表れだった。

安倍首相は、政権運営のかなめとなる首相官邸の布陣を強化、政策面では経済政策に重点を絞った。背景には、5年前に崩壊した第1次安倍政権が、政権の中枢を「お友達」で占め緊張感を欠いたこと、政策が網羅的で的が絞られていなかったことへの反省があった。

官邸のメンバーを具体的にみると、官房長官に菅義偉氏を起用。政務の副長官は気心の知れた加藤勝信、世耕弘成両氏、事務の副長官には警察官僚出身の杉田和博氏を充てた。また、第1次安倍政権で経産省枠の事務秘書官を務めた今井尚哉氏は筆頭格の政務秘書官になった。この5人が政策決定の中枢を握ることになる。

経済政策について、安倍首相は組閣後の記者会見で「3本の矢」に言及した。1本目の矢は「大胆な金融政策」、2本目は「機動的な財政政策」、3本目は「民間投資を喚起する成長戦略」である。

これが「アベノミクス」の柱となり、政権の看板となっていく。

実はアベノミクスは、第1次安倍政権で自民党幹事長だった中川秀直氏が使った言葉だった。だが、1年で幕を閉じた第1次政権では、具体的な政策として展開する余裕はなかった。

アベノミクス3本の矢の明暗

年が明けて2013年1月、アベノミクスは金融緩和から動き出した。21日、政府と日銀が共同声明を決定。「消費者物価の上昇率2%」を目標とすることを確認した。時期については、安倍首相の側近から「2年以内」を求める意見が出ていたが、日銀側の抵抗もあり、「できるだけ早期に」という表現で落ち着いた。しかし、日銀の白川方明《まさあき》総裁は金融政策の転換を全面的に受け入れることはできなかった。2月5日、白川総裁は首相官邸に安倍首相を訪ね、辞意を伝えた。任期を2カ月ほど残しての退任表明だった。

後継の日銀総裁には、財務省財務官を経てアジア開発銀行総裁を務めていた黒田東彦《はるひこ》氏が内定。黒田氏は財務省出身者としては珍しい金融緩和論者として知られていた。人事案は国会で了承され、黒田氏は3月20日に総裁に就任する。

4月4日の記者会見で黒田氏は「2%の物価上昇を2年程度で実現する」と明言。市場に流れるお金を「2倍」にすることも表明し、会見のボードには数字の「2」が並んだ。市場は「黒田バズーカ」ともてはやし、円安が加速、株価は高騰した。アベノミクスの1本目の矢は、華々しく放たれた。

2本目の矢の財政出動も動き出していた。13年1月には緊急経済対策がまとめられ、道路や空港などのインフラ整備を中心に、総額20兆円を計上する方針を打ち出した。13兆円の補正予算案も決まった。「コンクリートから人へ」を掲げ、公共事業の抑制を続けた民主党政権の政策からの大転換だ。

3本目の成長戦略は、1、2本目の矢が景気を下支えするうちに、日本経済の構造改革を進めて成長軌道に乗せようという政策である。しかし、各種の規制緩和は既得権に阻まれ、企業の生産性も伸び悩んだ。政府主導の原発輸出なども頓挫。成長戦略は大きな成果を出せなかった。

衆参両院で与党が過半数に

株価上昇などによる景気の好転で、安倍内閣の支持率は高水準を維持。迎えた7月の参院選（7月4日公示、7月21日投票）、久しぶりに政権与党として国政選挙に臨んだ自民党は攻勢を強めた。野党の民主党は、野田佳彦首相（党代表）の退陣を受けて、後継の代表に海江田万里氏を選出、幹事長に細野豪志氏を起用して再生をめざしていたが、勢いは戻らず、参院選は守勢に回った。

投票の結果、改選34議席だった自民党は65議席と大躍進。民主党は改選44議席から17議席と激減した。その他は、公明党11議席、みんなの党、共産党、日本維新の会が各8議席など。非改選を含めると、自民党は115議席となり、公明党の20議席と合わせて与党は135議席に達し、参院2

41議席の過半数（122）を上回って、衆参のねじれは解消した。民主党の海江田代表は惨敗にもかかわらず続投したが、党再建のめどは立たなかった。

衆参両院で与党の過半数を手にした安倍首相は、安全保障法制の整備に乗り出した。まず、政府の憲法解釈を統括する内閣法制局長官人事に着手し、8月8日付で駐フランス大使の小松一郎氏を長官に任命した。小松氏は外務省で条約局長などを歴任。集団的自衛権の行使容認に賛成論を唱えていた。

内閣法制局長官は従来、財務、法務、経産各省などの出身者が就いており、外務省出身者の起用は異例だった。それまで、「集団的自衛権の行使は憲法上認められない」としてきた法制局の見解を改めるための布石だった。

次に安倍首相が手がけたのは、警察官僚が求めていた特定秘密保護法案の制定である。防衛、外交、テロ防止、スパイ活動など「特定有害活動」防止の4分野の情報を「特定秘密」の対象と指定し、漏洩を厳しく取り締まる内容で、10月25日に閣議決定して国会に提出。野党側は「秘密範囲が拡大解釈される恐れがある」などと強く批判したが、自民、公明両党は押し切り、12月6日、参院本会議で可決、成立した。

安倍首相は12月26日、突然、靖国神社に参拝。第2次安倍政権が発足して丸1年が過ぎた節目の日だった。安倍首相は第1次政権の1年間で靖国神社を参拝できなかったことについて「痛恨の極み」と述べており、参拝の機会を探っていた。突然の参拝に中国と韓国は強く反発。日中、日韓関係は冷え込むことになる。

集団的自衛権の行使容認を閣議決定

年が明けて14年。安倍首相は安全保障法制のとりまとめを加速させた。有識者による「安保法制懇談会」（座長・柳井俊二元駐米大使）に、集団的自衛権の行使が可能になる枠組みを検討するよう求めた。

集団的自衛権は、同盟関係などにある他国が攻撃された時に、自国が攻撃されたと見なして反撃できる権利のことだ。日本政府はこれまで「集団的自衛権は保有しているが、憲法上、行使できない」という立場をとっていた。5月15日、安保法制懇は報告書を提出。①集団的自衛権を全面的に容認するよう憲法解釈を変更する②次善の策として、日本の安全保障に重大な影響を及ぼす可能性がある時、限定的に集団的自衛権を行使することは許される——二案を提示する。安倍首相は、②の限定容認論を受け入れた。連立与党の公明党に配慮した結果だった。

7月1日には臨時閣議が開かれ、集団的自衛権の一部を容認する政府見解が閣議決定された。「我が国と密接な関係にある他国に対する武力攻撃が発生し、これにより我が国の存立が脅かされ、国民の生命、自由及び幸福追求の権利が根底から覆される明白な危険がある場合」に限って、集団的自衛権の行使が許されるとした。戦後憲法の下で、海外での武力行使を厳格に禁じてきた日本の外交・安全保障政策にとって、大きな転換である。

この見解に基づく法案作りが始まったが、連立与党を組む公明党が、支持母体である創価学会に集団的自衛権行使に慎重論が根強いことから、2015年春の統一地方選まで法案の国会提出を控えるよう要請。法案の国会提出は先送りされた。

安倍首相は9月3日、自民党役員人事と内閣改造を行った。党幹事長を石破茂氏から谷垣禎一氏に代えた。安保法制の本格審議を控え、ハト派の谷垣氏を党の要に起用することで政権の「幅広さ」をアピールする狙いがあった。

消費増税延期で衆院解散・総選挙へ

年末の予算編成に向けて安倍首相は、一つの決断を迫られていた。民主党政権下で自民、公明両党も賛成した3党合意を受けた法律にそって、14年4月に消費税率を5%から8%に引き上げたのに続いて、15年10月にはさらに8%から10%に引き上げることになっていた。予算編成でその増税分を盛り込むかどうかを決めなければならない。

5%から8%に引き上げられた際には、消費が大きく落ち込み、景気が減速した。消費増税で再び景気が悪化すれば、政権へのダメージも大きく、念願の安保法制にも影響が出てくる。安倍首相は消費増税の延期を決断。11月18日に記者会見し、増税を17年4月まで1年半延期すると表明。そのうえで、「大きな政策変更であり、国民の信を問いたい」として、衆院の解散・総選挙に打って出たのである。

そもそも安倍首相には、消費増税に対して「三つの不信」があった。一つは、3党合意ができた2012年当時、自民党は野党で、安倍氏は谷垣総裁ら執行部とは距離があったことからくる「不信」である。

二つは、増税を進めている財務省に対する「不信」。安倍氏が所属してきた自民党清和会は、大蔵省（現・財務省）出身の福田赳夫元首相が会長を務めたこともあるが、大蔵省・財務省とは比較的、縁が薄い。田中角栄元首相の系譜である田中・竹下派や大平正芳、宮沢喜一両元首相らの宏池会が、大蔵省・財務省と近い関係にあった。「安倍氏は、財務省は政権をつぶしてでも増税や財政再建を進めたがると考えている」と、安倍首相側近は証言する。歴代の首相官邸では多くの場合、大蔵省・財務省出身の首相秘書官らが国会や党との日程調整を担当するが、安倍官邸では今井秘書官や経産省出身の秘書官たちが政治日程づくりの中枢を握っていた。

それに、消費増税という政策自体への「不信」も加わる。安倍首相は「増税しても景気が落ち込み、税収が減れば元も子もない」と語ることが多い。「景気が良くなれば、税収は増えるので消費税率を上げる必要はない」という「上げ潮理論」の影響を受けている。しかし、実際にはアベノミクスによる景気上昇も限定的で、大幅な税収増は見込めず、財政再建は足踏みしている。

反対デモのなか安保法制が成立

安倍首相の「不意打ち解散」による総選挙は12月2日公示、14日投票で行われた。自民党は「政治の安定」を掲げて攻勢を強め、野党の民主党は候補者擁立もままならず、苦戦を強いられた。結果は自民党が4議席減らして291議席、公明党は4議席増やして35議席。自公の与党勢力は選挙前と同じ圧倒的多数を維持した。民主党は11議席増やしたものの、73議席にとどまった。海江田代表は落選。後継の代表には岡田克也氏が返り咲いた。日本維新の会は41議席。与野党の構図は変わらなかった。

年が明けて15年。通常国会で当初予算が成立し、統一地方選も終わったのを受けて、安倍政権はいよいよ安保法制の成立に向けて動き出した。5月15日、集団的自衛権の行使容認を柱とした安保関連法案を閣議決定して国会に提出。安倍首相と岡田代表との論争などが続いた。安倍首相は、朝鮮半島有事のケースなどをあげて、在留邦人を日本に運ぶ米軍が攻撃された場合、日本への攻撃と見なして自衛隊が反撃するといった説明を繰り返したが、野党側は納得しなかった。

そこへ、思いも寄らぬ出来事が起こる。6月4日、衆院憲法審査会に自民党推薦の参考人として出席していた長谷部恭男・早稲田大教授が、集団的自衛権の行使を認める安保関連法案は「憲法違反」と断じたのだ。

憲法学の権威である長谷部氏の発言で、法案に反対していた野党は勢いづき、自民党内には困惑が広がった。国会議事堂の周辺では、安保法案反対のデモが続いたが、政府・与党は7月15日、衆院特別委員会で採決を強行。参院でも与野党の対立が続いたまま、9月19日未明の参院本会議で法案は可決、成立した。

オバマ米大統領の広島訪問が実現

任期満了に伴う9月の自民党総裁選を無投票で乗り切った安倍首相は、9月24日の記者会見で、政権の新たな看板として「1億総活躍社会」を掲げ、「日本社会の構造的課題である少子高齢化に真正面から挑戦したい」と述べた。具体的には「国内総生産（GDP）600兆円」「介護離職ゼロ」などを打ち出した。安保法制の混乱から経済再生に局面転換しようという狙いが込められていた。だが、アベノミクスの3本の矢との整合性や、社会保障充実のための財源問題などが不明確で、「1億総活躍」のインパクトは弱かった。

明けて16年。私は朝日新聞社を2月末で退社。37年間のうち約30年を政治記者として過ごし、最後は政治担当の特別編集委員としてコラムや解説記事を執筆していた。3月からはTBS系「NEWS23」のキャスターを務めることになった。

5月には安倍首相が議長役を務める主要国首脳会議（伊勢志摩サミット）が予定されていた。安倍首相は、夏の参院選で勝利し、衆院に続いて参院でも憲法改正に前向きな勢力を3分の2以上確保したいと狙っていた。

5月26日のサミット初日。出席していた7人の首脳にある文書が配られた。鉄鉱石など世界の資源価格の下落率や新興国の経済指標の不調ぶりは、リーマン・ショック級だと書かれていた。ドイツのメルケル首相や英国のキャメロン首相らは首をかしげた。

この文書は安倍首相の今井秘書官（政務）が、出身の経産省に指示して作成させた。狙いは17年4月に予定されていた消費税率の8％から10％への引き上げを延期することだった。安倍首相は「今井ペーパー」の狙い通り、消費税率引き上げ時期を2年半延期して19年10月にすると表明。参院選で民意を問うと述べた。

サミットの後には、歴史的なオバマ米大統領の広島訪問が実現した。オバマ氏は被爆者らと面会したほか、平和記念公園で演説し、核なき世界をめざす考えを強調した。

参院選勝利で改憲の環境は整ったが……

参院選は6月22日公示、7月10日投票で行われた。アベノミクスの成果などを掲げて攻勢を強める自民、公明両党に対して、野党側は民主党から民進党に改名した岡田代表が共産党を含めた候補者調整に動き、32の「1人区」で候補者の一本化に成功。自民党対野党という対決構図をつくった。結果は、1人区では自民対野党が21対11だったが、全体では、自民党が改選50議席から56議席に増加。公明党は改選9議席を14議席に増やした。民進党は改選43議席に対して32議席にとどまった。その他はおおさか維新7議席、共産党6議席など。自民、公明、おおさか維新など憲法改正に前向きな勢力は、非改選を含めて参院全体の3分の2を上回り、憲法改正の環境は一応整った。もっとも、「改憲勢力」といっても憲法改正についての自民党と公明党との立ち位置は大きく隔たっており、参院選後も両党の歩み寄りは進んでいない。

この秋、日本の同盟国であるアメリカで大きな政治変動が起こる。11月の大統領選で、メディアの大方の予想に反して共和党のトランプ氏が民主党のクリントン前国務長官を抑えて当選したのだ。〝アウトサイダー大統領〟のトランプ氏は「米国ファースト」を掲げて、アメリカの安全保障や経済政策を大きく変えていく。安倍首相は、トランプ氏が正式に大統領に就任する前の11月17日、ニューヨークを訪れて会談。日米同盟の重要性を確認した。その後、トランプ政権のアメリカは世界を振り回すことになる。

年が明けて17年。通常国会が始まって間もない2月9日。朝日新聞の社会面に一つの記事が掲載された。大阪府豊中市の国有地が学校法人「森友学園」に大幅な値引きによって売却されたという。これが、「一強」を誇っていた安倍政権の足元を大きく揺らすことになる。

20
「モリカケ」を凌いで令和を迎えた安倍政権の本質

それは森友学園への国有地売却から始まった

2012年暮れに権力の座に返り咲いて5年。基本的に高い支持率を維持、国政選挙に連勝し、「一強」を謳歌《おうか》してきた安倍晋三政権の屋台骨を揺るがす事態が起きたのは、2017（平成29）年の年明け。発端は大阪だった。

2月9日、朝日新聞朝刊の社会面に「特ダネ」が掲載された。大阪府豊中市の国有地が、学校法人「森友学園」に小学校用地として格安で売却されたという内容だ。土地を管理する近畿財務局が、売却額を公表していないことも判明した。

翌10日、報道を受けて財務省は一転して売却価格は1億3400万円であると公表。不動産鑑定士による土地の価格は約9億5000万円だったが、「地下に大量のごみがあったため」に約8億円を差し引いたという。

前年の16年春、朝日新聞の特別編集委員からTBS系「NEWS23」のキャスターに転じていた私は、スタッフと「この問題は大きくなりそうだ」と話し合い、大阪の地元放送局と情報収集を始めた。その後、開設される予定の小学校では、安倍晋三首相の夫人、昭恵氏が「名誉校長」となることが明らかになった。森友学園が運営する幼稚園で、戦前の教育勅語を暗唱させるなど、偏った教育が続けられていたことも報じられた。

深まる疑惑、高まる批判

メディアでの報道を受け、国会も動き出す。2月17日の衆院予算委員会でこの問題が取り上げられ、野党議員の追及に安倍首相は「(学校の設立認可や国有地払い下げに)私や妻が関係したということになれば、間違いなく総理大臣も国会議員も辞めるということは、はっきりと申し上げておきたい」と述べた。

だが、国会での疑惑の追及はやまない。3月1日夜には、自民党の鴻池祥肇参院議員が記者会見を開き、森友学園の籠池泰典理事長と妻の諄子副理事長が3年前の2014年4月に面会に訪れ、小学校の設立許可に関連して「紙に入ったもの」を手渡そうとしたと証言。「一瞬で金だと分かった」ので突き返したと語った。

森友学園をめぐる疑惑は深まる一方で、小学校建設に関して森友学園が提出していた建築費の見積もりに誤りがあったことが判明し、3月10日に森友学園は小学校の設立認可の申請を取り下げた。小学校の建設は見送られることになった。

3月23日、籠池理事長は衆参両院の予算委員会に証人喚問された。籠池理事長は①2015年9月5日に講演のために学園を訪れた昭恵夫人から現金100万円を寄付金として受け取った②16年3月に財務省を訪れて小学校建設について陳情した際の財務省の対応から、「神風が吹いたと思った」、などと証言した。（籠池理事長は7月31日、小学校建設に関連して国の補助金をだまし取ったなどの容疑で、諄子夫人とともに大阪地検特捜に逮捕された）

7月2日投票の都議選は、森友学園問題などで逆風を受けた自民党が57議席から23議席に激減。7月4日には、国会での森友学園問題の追及に「国有地売却交渉の関係資料は廃棄され、残っていない」といった答弁を続けた財務省の佐川宣寿理財局長が、国税庁長官に昇進。森友問題に対する世論の批判はますます高まった。

加計学園問題も政権を直撃

同じ頃、森友問題とは別の問題も安倍政権を直撃した。加計学園をめぐる疑惑である。

この問題は、安倍首相の盟友である加計孝太郎氏が理事長を務める学校法人加計学園が、愛媛県今治市に獣医学部を新設することを計画したことが発端だ。２０１７年5月17日、朝日新聞は加計学園の新学部開設は「（安倍）総理の意向だ」とする文書などが文部科学省内で回覧されていたことを報じた。前日夜のＮＨＫも同趣旨の報道をしていた。

17日午前、菅義偉官房長官は定例の記者会見で、この加計学園に関する文書について「怪文書みたいな文書」と切り捨てた。しかし、実際は「怪文書」ではなかった。17年1月まで文部科学事務次官を務めていた前川喜平氏が、メディアのインタビューに答えて、この文書が実在していたと証言。6月15日に松野博一文科相は一連の文書が存在していたことを認めた。

首相が襟を正さず、まかり通る「忖度」

加計学園問題はなぜ起きたのか。

獣医学部の新設をめぐり、従来の規制を盾にとって反対してきた文科省に対し、経済産業省を中心とした規制緩和を狙う勢力は、安倍首相の「意向」を錦の御旗にして風穴を開けようとしていた。そこに、安倍首相の30年来の盟友で、首相就任後もゴルフや会食を続けてきた加計氏の学校法人が、獣医学部の新設を申請していたことが重なり合う。経産省から首相秘書官に出向していた柳瀬唯夫氏（後に経済産業審議官）が、加計学園側との連絡役になっていたのはそのためだ。

一連の経緯から「忖度政治」という世論の批判が高まったのにもかかわらず、最終的に加計学園の獣医学部は認可され、2018年4月に開設された。

安倍首相は国会での追及などに「李下に冠を正さず」と述べていた。それが本気であるならば、この獣医学部開設は見合わせるのが当然だろう。首相が襟を正さないまま、周辺の「忖度」がまかり通った。それが、加計学園問題の真相である。

小池都知事の台頭と衆院解散・総選挙

このように2017年の前半は、森友学園と加計学園の問題、いわゆる「モリカケ」疑惑が世を騒がせ続けた。にもかかわらず、安倍首相は衆議院の解散・総選挙のタイミングを狙っていた。

なぜ、一見不利にも見えるこの時期に、首相は選挙を仕掛けようとしたのか。一つの理由は、2016年7月に自民党衆院議員から東京都知事に転身した小池百合子氏の存在である。都知事就任後、小池氏は築地市場の豊洲移転に待ったをかけるなど数々のパフォーマンスで世論の支持を集めた。17年7月の都議選では、自らが率いる「都民ファーストの会」を圧勝させ、国政進出を狙う構えを見せていた。その勢いを抑え込むためにも、17年中の解散・総選挙が望ましいというのが、安倍首相の判断だった。

「大義名分」として考えられたのは、19年10月に消費税を8％から10％に引き上げるのにあたり、幼児教育の無償化などに使途変更することの是非を問うこと。北朝鮮が弾道ミサイルの発射実験を繰り返すなか、「安全保障上の危機対応を問う」という狙いもあった。

新党に丸ごと合流の賭けに出た民進党の前原代表

一方、野党の民進党は「小池旋風」に押されて影が薄かった。自民党同様、都民ファースト躍進のあおりで、都議選に敗北した責任をとって蓮舫代表が辞任。後継には前原誠司氏が就いたが、党勢は伸び悩んでいた。

総選挙に突き進む安倍首相に対し、前原氏は「賭け」に出た。小池都知事と連合の神津里季生《こうづりきお》会長をまじえて会談。小池氏が結成する新党「希望の党」に民進党が丸ごと合流、「反安倍連合」を形成して戦うという作戦で合意した。都市部は無党派層に強い希望の党、地方は労組票を持つ旧民進党がそれぞれ力を発揮すれば、一気に政権交代も可能だという読みがあった。

それでも安倍首相は9月28日、当初の方針通りに衆院を解散。10月10日公示、22日投票の日程が確定した。政局が緊迫するなか、解散翌日の9月29日、小池氏から致命的な発言が飛び出した。

新党陣営では、公認候補の調整が進んでいた。民進党系の陣営は、候補者の大半を公認するよう求めていたが、憲法改正に反対し、「安保法制は違憲」と唱えるリベラル系勢力を念頭に、小池氏は「排除いたします」と明言したのだ。

この発言にリベラル系候補者は強く反発。枝野幸男氏を代表に立憲民主党を結成した。新党・旧民進党の陣営は結局、希望の党、立憲民主党、無所属に分裂して戦うことになった。

失敗に終わった小池・前原両氏の戦略

総選挙ではモリカケ問題が大きな争点となったが、安倍首相は正面から答えることはなく、野党も攻めきれなかった。投票の結果、自民党は改選前の284議席から1減の283議席。公明党は34議席を29議席に減らしたが、自民、公明の与党では312議席で、衆院全体の3分の2を上回った。

野党は立憲民主党が改選前の15議席から54議席に伸ばし、希望の党は57議席から49議席に減らした。希望の党の大半の議員はその後、「国民民主党」を結成。玉木雄一郎氏を代表に選んだ。反自民陣営を一本化しようとした小池、前原両氏の戦略は失敗した。

前原氏は、総選挙での敗北を受けて、私の取材にこう語った。

「民進党の行き詰まりを打開するには、希望の党に合流するしかないと思ったが、博打だった。博打で政治をやってはいけないと痛感している」

公文書の書き換えが発覚

年が明けて2018年、安倍政権の足元を揺るがす事実がまたもや明らかになる。

3月2日、朝日新聞が「森友文書　書き換えの疑い」と報じる。森友学園への国有地売却に関する決裁文書が改ざんされていた疑いがあるという。3月7日には問題の国有地売却を担当していた近畿財務局の職員が自殺、衝撃が広がった。結局、財務省は改ざんの事実を認め、改ざん当時に財務省の理財局長だった佐川国税庁長官は辞任に追い込まれる。

財務省の調査によると、決裁文書に昭恵夫人に関する記載が数多くあり、財務省の担当課長らが問題視して近畿財務局の担当者に削除・改ざんを命じたという。だが、安倍首相の「私や妻が関係していたなら、総理大臣も国会議員も辞める」という発言との関係や、佐川氏がどう関与したのかについて、この調査はつまびらかにしていない。また、公文書改ざんという前代未聞の不祥事にもかかわらず、管理責任者である麻生副総理・財務相は引責辞任を拒み続けた。

4月10日には加計学園問題でも新事実が明らかになった。

同日付の朝日新聞が愛媛県の内部文書をスクープ。そこには、県庁の担当者が2015年4月に首相官邸で柳瀬唯夫・首相秘書官（当時。その後、経済産業審議官）と面会した際、加計学園の獣医学部開設問題について「この件は、首相案件」と言われたことが書かれていた。

柳瀬氏は5月10日、衆参両院の予算委員会に参考人として招致され、加計学園との関係を追及された。愛媛県や今治市の職員との面会は認めたものの、陳情を受けただけで「首相案件」という発言もしていないと答弁。疑惑の解明は進まなかった。

平成から令和へ

２０１８年９月の自民党総裁選で、安倍首相は対立候補の石破茂元幹事長を大差で退け、さらに３年の任期を手にした。

直後に開かれた秋の臨時国会では、外国人労働者の受け入れを「特定技能」などの形で拡大する法案が審議された。野党側は現行の「技能実習制度」で受け入れられている外国人労働者の失踪などが相次いでいることなどを指摘。特定技能制度でも外国人労働者の受け入れ態勢が十分ではないなどと反発したが、自民、公明両党は採決を押し切り、法案は12月８日に参院本会議で可決、成立した。２０１９年４月から施行され、外国人労働者の受け入れが拡大されることになった。

４月30日には予定通り天皇陛下の生前退位が行われた。退位に先立ち、４月１日には菅義偉官房長官が新元号「令和」を発表。30日には退位の式典、５月１日には新天皇の即位の式典が、滞りなく執り行われた。平成が終わり、令和が始まった。

生前退位は、天皇陛下自身の意向を受けて進められた。２０１６年8月8日に陛下がビデオメッセージで退位についての考え方を表明。「象徴」としての務めを果たすためには、健康なうちに譲位する必要があると判断したという。これを受けて、政府と国会は退位のための特例法を定めることで合意。関連法の成立を受けて、退位、即位が行われた。

天皇を「国民統合の象徴」と定めた現憲法下では初めての退位である。事実上、天皇の意向を受けた退位関連法の制定ではあったが、国会が慎重な審議を進めたこともあり、天皇は「国政に関する権能を有しない」と定めた憲法の規定に抵触しないぎりぎりの立法措置となった。

「改憲勢力」が3分の2を割った参院選

7月には令和初の国政選挙となる参院選が実施された。4日公示、21日投開票で、結果は、改選数１２４のうち自民党が改選前の66議席から9減らして57議席。非改選と合わせて１２３議席で、単独過半数を割った。公明党は14議席を確保し、自公では71議席と改選過半数の63を上回った。自公に維新を加えた憲法改正に前向きな「改憲勢力」は、参院全体の3分の2に届かず、安倍首相のめざす憲法改正は再検討が迫られることになった。

野党側は、立憲民主党が改選前の9議席を17議席まで伸ばし、国民民主党は8議席から6議席、共産党も8議席から7議席に減らした。自民党と野党統一候補が一騎打ちとなった32の「1人区」では、「自民」対「野党」が22対10だった。山本太郎・前参院議員が率いる「れいわ新選組」は

「消費税廃止」などを訴え、比例区で2議席を獲得した。

第2次安倍政権の三つの性格

最後に、2012年12月から続く第2次安倍政権の性格について考えてみたい。

第一に、「反民主党」政権である。

第1次安倍政権が07年に崩壊した後、自民党は福田康夫首相、麻生太郎首相が政権を担ったが、いずれも野党・民主党の攻勢を受けて1年の短期で終わり、09年に政権を引き渡した。安倍氏がことあるごとに、第1次安倍政権の失敗が民主党政権を生んだと「おわび」を表明するゆえんだ。

その意味で、第2次安倍政権の原点は、「第1次政権の失敗の轍は踏まない」という決意であり、民主党政権への強い反発に他ならない。安倍氏は民主党政権の3年を「悪夢」と公言。円高、失業率の高さ、米国との外交の停滞などを指摘している。

確かに民主党政権は、鳩山由紀夫首相が約束した沖縄県の米軍普天間飛行場の「最低でも県外移設」がとん挫。新設した子ども手当などの財源確保はできなかったり、マニフェストになかった消費増税を提起して世論の反発を受けたり、混乱続きだった。

だが、悪いことばかりかと言えば、そうではない。高校無償化などを進めたほか、「密約」とされてきた外交文書を公表するなど、一定の成果をあげたのも事実である。世界経済を揺るがしたリーマン・ショックのさなかに発足し、東日本大震災と原発事故への対応に追われたという事情も考慮されるべきだろう。過去の自民党長期政権が重ねた財政赤字も、国の財政運営の幅を狭めていた。こうしたもろもろの背景を抜きにして、民主党政権を「悪夢」と決めつけるのはフェアではない。

第二に、「金融緩和」の政権である。

第2次安倍政権の経済政策の一枚看板は「金融緩和」である。日銀に大胆な金融緩和策を迫り、総裁に緩和論者の黒田東彦元財務官を起用。2％の物価上昇を目標に掲げたが達成できず、ゼロ金利、マイナス金利を続け、大量の国債を買い入れた。

この結果、為替は円安に振れて、輸出企業は潤い、株価も上昇した。だが、成長戦略や構造改革のための「時間稼ぎ」だったはずの金融緩和は、出口を探るタイミングを見失い、際限なく続いた。その副作用は深刻だ。日銀が持つ国債は増え続け、ゼロ・マイナス金利は金融機関の経営を圧迫した。円安によるガソリン価格の高騰は、自家用車に頼る地方の家計を苦しめた。持続可能とはいえない金融政策が続き、財政赤字が増え続けたことは、将来世代へのツケ回しとなった。

第三に、外交面では米国への傾斜を一層強めた政権である。

民主党政権が米軍普天間飛行場の問題などで迷走、対米関係を損ねたことに鑑み、日米同盟強化のために集団的自衛権の一部容認を柱とする安全保障法制を整備したほか、異色の大統領・トランプ氏ともゴルフや会食を重ねて「信頼関係」を築いた。

その結果、対北朝鮮外交では、当初はトランプ氏の方針に追随して「圧力の強化」を表明したが、トランプ氏が「対話」に舵を切ると、「金正恩委員長と無条件で対話する」と方針転換した。トランプ氏は「米国第一主義」を掲げ、自由貿易圏をめざすＴＰＰ（環太平洋経済連携協定）や温暖化防止のパリ協定から離脱したが、安倍首相が国際協調の立場から異議を表明することはなかった。

平成になって動き出した「政権交代政治」

自民党内に強力なライバルがなく、野党も政権を奪う力量に欠けるなかで、安倍政権は「一強」と言われてきた。しかし、底流を探れば、民主党への政権交代が安倍政権の「トラウマ」となっているし、内政や外交でも民主党との差異化を意識した政策が打ち出された。結局のところ、安倍政権も、平成に入って動き出した「政権交代政治」の枠を超えることはできていない。

平成の初め、政治家たちはもがき苦しみながら、衆議院に小選挙区制を導入した。必ずしも評判は良くないが、この制度による政権交代システムは、長い目で見れば、２大勢力が切磋琢磨して政策を競い合う場をつくる。それは、日本政治に活力をもたらすはずだ。選挙制度の不備を嘆くよりも、この制度を上手に使いこなして、政党や政治家が活発な論争を繰り広げる舞台を整える必要がある。

政治記者として私が見てきた平成30年の政治を振り返ってきた。確かに混乱続きではあった。だが、個性的な政治家による、幾つものドラマがあったとあらためて思う。政治家の強い覚悟と国民の賢明な判断があれば、政治を変えることができる。その可能性や潜在力が、かすかにではあるが、見えた時代でもあった。

ほのかに見えた希望が、令和の政治にいかされることを祈りつつ、筆をおきたい。

参考文献

本文で紹介した文献に加えて、以下の文献などを参考にさせていただきました。

朝日新聞取材班『権力の「背信」』（朝日新聞出版　2018）
小沢一郎『日本改造計画』（講談社　1993）
軽部謙介『官僚たちのアベノミクス』（岩波新書　2018）
倉重篤郎『小泉政権1980日　上・下』（行研　2013）
栗山尚一『戦後日本外交』（岩波現代全書　2016）
後藤謙次『ドキュメント平成政治史1〜3』（岩波書店　2014）
後藤謙次『竹下政権・五七六日』（行研　2000）
小林喜光　経済同友会『危機感なき茹でガエル日本』（中央公論新社　2019）
佐々木毅　21世紀臨調『平成デモクラシー』（講談社　2013）
清水真人『平成デモクラシー史』（ちくま新書　2018）
田原総一朗『正義の罠』（小学館　2007）
西野智彦『平成金融史』（中公新書　2019）
日本再建イニシアティブ『民主党政権　失敗の検証』（中公新書　2013）

野中広務『老兵は死なず』（文藝春秋　2003）
船橋洋一『カウントダウン・メルトダウン　上下』（文藝春秋　2013）
星浩　逢坂巌『テレビ政治』（朝日選書　2006）
星浩『官房長官　側近の政治学』（朝日選書　2014）
細川護熙『内訟録』（日本経済新聞出版社　2010）
牧原出『「安倍一強」の謎』（朝日新書　2016）
御厨貴　中村隆英『聞き書　宮澤喜一回顧録』（岩波書店　2005）
宮城大蔵『現代日本外交史』（中公新書　2016）
森功『官邸官僚』（文藝春秋　2019）
森喜朗『私の履歴書』（日本経済新聞出版社　2013）
山脇岳志『郵政攻防』（朝日新聞社　2005）
吉見俊哉『平成時代』（岩波新書　2019）

あとがき

朝日新聞のネット論壇サイト「WEBRONZA」（論座）の吉田貴文編集長から「平成政治の総括を書いてみませんか」と声をかけて頂いたのは、2018年秋だった。朝日新聞政治部の後輩である吉田氏と思い出話をしているうちに、「書いてみるか」と思い定めた。それまでにも、いくつかの出版社から平成政治を振り返る企画を頂いていたが、日々の忙しさもあって、思い切れずにいた。

一念発起したのは、まず、翌19年の春には平成が終わり、新しい元号がスタートする。一つの節目を迎えることになったためだ。加えて、安倍首相の「一強」が続く日本の政治状況をどうみるのか、自分なりに検証し、分析を進めたいと考えたからだ。

1979年に朝日新聞に入社し、85年から政治部記者として取材を続けた。ワシントン特派員として一時、日本を離れた以外は、ほぼ30年間、日本政治をウォッチしてきた。それは平成時代とほぼ重なる。この間、政治家たちは何を考え、どう決断したのか。戦争と戦後復興を経験した昭和とはスケールは違うかもしれないが、平成の政治家たちもドラマを演じた。

平成政治の興亡には、3大テーマがあったと思う。第一は政治改革である。リクルート事件など政治とカネをめぐるスキャンダルが相次ぎ、政治家たちの中に「この腐敗をどうにかしないと」といった切実な思いが生じた。そこに党利党略も絡んで、中選挙区制から小選挙区制への政治改革が唱えられる。政治家たちが口角泡を飛ばして論争する姿は、現場を取材する者として興味深かった。1994（平成6）年に政治改革の関連法案が成立し、小選挙区制がスタートする。それによって二大政党制への動きが加速し、平成政治の基層となった政権交代政治につながる。与野党には「小選挙区制が諸悪の根源だ」という声があるが、この制度で当選した政治家たちが、制度改正に切り込むパワーがあるとは思えない。小選挙区制は当面存続し、その下での与野党攻防が続くだろう。

第二のテーマは消費税だった。竹下登政権は、昭和の末期に消費税導入の法律を成立させ、1989（平成元）年4月から3％の消費税が課せられた。まさに平成と共に始まった新税だが、世論の反発は強く、7月の参院選で自民党は惨敗。竹下政権を継いだ宇野宗佑政権は、あっけなく崩壊した。その後、村山富市政権で5％への引き上げが決まり、橋本龍太郎政権で実施された。民主党への政権交代を経て、2012（平成24）年には、民主、自民、公明の3党が社会保障の充実のために消費税率を8％、さらに10％に引き上げることで合意。消費税は「政争」から切り離されるかに見えた。

しかし、安倍晋三政権は8％への引き上げは実施したものの、10％への引き上げは2回、計4年にわたって延期。2019（令和元）年10月にようやく引き上げとなった。19年7月の参院選では、野党側がそろって消費増税に反対。消費税はなお、与野党の対立点であり続けている。

第三のテーマは国際貢献である。平成が始まったころ、東西対立の冷戦が終焉。一方で、地域紛争は激しくなった。1990（平成2）年、イラク軍がクウェートを侵攻。米ブッシュ（父）政権は多国籍軍を結成して対抗した。翌91年1月からの湾岸戦争で、多国籍軍はイラク軍を制圧。戦闘は短期間で終了したが、日本がどんな形で貢献するか、方針が定まらず、当時の海部俊樹政権はうろたえた。最終的には130億ドルの資金協力をしたのに、国際社会では評価されなかった。その後、国連平和維持活動（PKO）への自衛隊派遣を進めた。

2001（平成13）年の米同時多発テロを受けたアフガン戦争、イラク戦争では、自衛隊による給油活動やイラク・サマワでの支援活動などが重ねられた。いずれも日本国内では賛否両論があった。さらに2014（平成28）年から15年にかけては、集団的自衛権の行使を容認する安全保障法制をめぐって与野党が対立。関連法は成立したが、野党側は「海外での武力行使を禁じた憲法に違反する」という姿勢を崩していない。令和時代に入っても、米トランプ政権がイランと対決するための「有志連合」に日本も加わるよう求めるなど、日本の国際貢献のあり方が問われている。

30年余続いた平成政治の興亡。政治記者として見聞きした政治家の肉声を中心に、この間の政治ドラマを綴ったのが本書である。18年秋から19年7月まで、月2回のペースでWEBRONZA（論座）に計20回連載した内容に加筆・修正した。

もとより私の見聞には限界があり、政治家が残した文献や当時の新聞報道に頼った点も多い。私自身の分析視点も偏っているかもしれない。その点は容赦願いたい。

執筆に当たっては、吉田貴文氏をはじめ、朝日新聞の先輩や後輩から多くの協力を得た。増渕有・朝日選書編集長は、歴史ある朝日選書の一冊として出版することを勧めてくれた。選書編集部の芝田暁氏は丁寧な校正作業を続けてくれた。私にとっては、共著の『テレビ政治』、単著の『官房長官　側近の政治学』に続く3冊目の選書となった。

私は2016年春、朝日新聞を退社。TBS系「NEWS23」のキャスターに転じ、今日に至っている。月曜から金曜までは、深夜のニュース番組で解説を続けている。番組のスタッフには連日、ニュースの見方などについて多くの教示をいただいている。

そして、平日は深夜のテレビ出演、週末には資料探しと執筆に明け暮れた私を励ましてくれた妻敦子と3人の子供に感謝したい。

2019年晩夏　蟬の声を聞きながら

平成の内閣と官房長官

＊内閣成立年月は首相官邸公式サイトより
＊官房長官名の太字はのちの首相経験者

西暦	年号	内閣	官房長官名	就任月	主なできごと
1988	昭和63	竹下改造内閣	**小渕恵三**	12	6月 リクルート事件
1989	64 平成元	宇野内閣	塩川正十郎	6	1月 昭和天皇死去 2月 大喪の礼 4月 消費税導入
		第1次海部内閣	山下徳夫	8	
		〃	森山真弓	8	11月 ベルリンの壁崩壊 12月 「冷戦の終結」宣言
1990	2	第2次海部内閣	坂本三十次	2	8月 イラク、クウェート侵攻 11月 天皇即位の礼
		第2次海部内閣改造内閣	〃	12	
1991	3	宮澤内閣	加藤紘一	11	1月 湾岸戦争
1992	4	宮澤内閣改造内閣	河野洋平	12	6月 国連平和維持活動（PKO）協力法成立
1993	5	細川内閣	武村正義	8	8月 河野洋平官房長官、従軍慰安婦について談話を発表「河野談話」非自民連立の細川政権発足

1994	6	羽田内閣	**羽田孜** ※首相として兼務	4	1月　政治改革関連法成立、小選挙区比例代表並立制へ
		〃	熊谷弘	〃	6月　「自社さ」村山政権
		村山内閣	五十嵐広三	6	
1995	7	村山内閣改造内閣	野坂浩賢	8	1月　阪神・淡路大震災　3月　地下鉄サリン事件、國松孝次・警察庁長官狙撃事件　5月　麻原彰晃(松本智津夫)オウム真理教教祖逮捕　6月「戦後50年国会決議」　8月　村山談話　9月　沖縄少女暴行事件
1996	8	第1次橋本内閣	梶山静六	1	3月　住専問題で国会紛糾　4月　日米安全保障共同宣言　9月　民主党結党　10月　初の小選挙区比例代表並立制による総選挙
		第2次橋本内閣	〃	11	
1997	9	第2次橋本内閣改造内閣	村岡兼造	9	4月　消費税、税率5%へ引き上げ　11月　北海道拓殖銀行経営破綻、山一證券自主廃業決定
1998	10	小渕内閣	野中広務	7	
1999	11	小渕内閣第1次改造内閣	〃	1	1月　自自連立政権　5月　周辺事態法成立　8月　通信傍受法、国旗・国歌法成立
		小渕内閣第2次改造内閣	青木幹雄	10	10月　自自公3党が連立政権で合意

2000	12	第1次森内閣 ※首相急逝により、総理大臣臨時代理	〃	4	
		第2次森内閣	中川秀直	7	
		〃	**福田康夫**	10	11月 加藤の乱、森内閣不信任案否決
		第2次森内閣改造内閣	〃	12	
2001	13	第1次小泉内閣	〃	4	1月 中央省庁再編、1府12省庁に 2月 えひめ丸事件 7月 参院選「小泉劇場」 8月 小泉首相、靖国神社参拝 9月 アメリカ同時多発テロ 10月 テロ対策特措法、改正自衛隊法成立
2002	14	第1次小泉内閣第1次改造内閣	〃	9	5月 サッカーワールドカップ、日韓共催 9月 小泉首相訪朝、平壌宣言
2003	15	第1次小泉内閣第2次改造内閣	〃	9	3月 イラク戦争 5月 個人情報保護法 6月 有事法制関連3法成立 11月 衆院選、民主党「マニフェスト」
		第2次小泉内閣	〃	11	
2004	16	〃	細田博之	5	2月 陸上自衛隊イラク派遣
		第2次小泉内閣改造内閣	〃	9	
2005	17	第3次小泉内閣	〃	9	4月 中国各地で反日デモ 8月 郵政民営化関連法案、参院で否決、衆院解散 9月 総選挙で自民圧勝

		第3次小泉内閣改造内閣	**安倍晋三**	10	
2006	18	第1次安倍内閣	塩崎恭久	9	10月　安倍首相訪中、「戦略的互恵関係」北朝鮮、初の核実験
2007	19	第1次安倍内閣改造内閣	与謝野馨	8	5月「消えた年金」、国民投票法成立　7月　参院選「ねじれ国会」
		福田康夫内閣	町村信孝	9	10月　郵政民営化開始
2008	20	福田康夫改造内閣	〃	8	9月　リーマン・ショック
		麻生内閣	河村建夫	9	
2009	21	鳩山由紀夫内閣	平野博文	9	8月　民主党、衆院選で308議席、政権交代　11月　事業仕分け
2010	22	菅内閣	仙谷由人	6	5月　鳩山首相「普天間」県外移設断念　7月　参院選で民主党敗北　9月　尖閣諸島沖で中国漁船が海保巡視船に衝突
		菅内閣第1次改造内閣	〃	9	
2011	23	菅内閣第2次改造内閣	枝野幸男	1	1月　社会保障と税の一体改革表明　3月　東日本大震災、東京電力福島第一原発で事故発生
		野田内閣	藤村修	9	
2012	24	野田内閣第1次改造内閣	〃	1	
		野田内閣第2次改造内閣	〃	6	8月　消費税増税法成立　9月　尖閣諸島国有化、中国で反日暴動

		野田内閣第3次改造内閣	〃	10	12月　衆院選、自公圧勝、安倍首相返り咲く
		第2次安倍内閣	菅義偉	12	
2013	25	〃	〃		1月　政府と日銀、金融緩和を決定　7月　参院選で自民圧勝、衆参ねじれ解消　12月　特定秘密保護法成立、安倍首相、靖国神社参拝
2014	26	第2次安倍内閣改造内閣	〃	9	4月　消費税率、8%に引き上げ　7月　集団的自衛権の一部容認を閣議決定
		第3次安倍内閣	〃	12	
2015	27	第3次安倍内閣第1次改造内閣	〃	10	5月　安保関連法案を閣議決定　6月　国会周辺で安保法案反対デモ　9月　安保関連法成立
2016	28	第3次安倍内閣第2次改造内閣	〃	8	5月　オバマ米大統領、広島訪問　8月　天皇、退位について考え方を表明　11月　ドナルド・トランプ、米大統領に当選
2017	29	第3次安倍内閣第3次改造内閣	〃	8	2月　森友学園問題　5月　加計学園新学部の問題発覚　10月　衆院解散、立憲民主党結党、総選挙で自公が圧勝
2018	30	〃	〃		12月　改正出入国管理法成立
2019	31 令和元	〃	〃	4	4月　新元号「令和」発表、天皇生前退位　5月　改元、新天皇即位　7月　参院選で自公が過半数維持

星　浩（ほし・ひろし）
1955年福島県生まれ。2016年よりTBSテレビ系「NEWS23」のキャスターを務める。元朝日新聞特別編集委員。日本政治、外交を担当。
79年、東京大学教養学部教養学科国際関係論分科を卒業、朝日新聞入社。長野、千葉両支局勤務を経て85年から政治部。ワシントン特派員、政治部デスクを経て編集委員。オピニオン編集長などを歴任。テレビ朝日系「報道ステーション」のコメンテーターなども務めた。2004−06年に東京大学大学院特任教授。著書に『自民党と戦後』、『テレビ政治』（共著）、『官房長官 側近の政治学』など。

朝日選書 989

永田町政治の興亡　権力闘争の舞台裏

2019年10月25日　第1刷発行

著者　星　浩

発行者　三宮博信

発行所　朝日新聞出版
〒104-8011　東京都中央区築地 5-3-2
電話　03-5541-8832（編集）
　　　03-5540-7793（販売）

印刷所　大日本印刷株式会社

Published in Japan by Asahi Shimbun Publications Inc.
ISBN978-4-02-263089-6
定価はカバーに表示してあります。

落丁・乱丁の場合は弊社業務部（電話 03-5540-7800）へご連絡ください。
送料弊社負担にてお取り替えいたします。

人口減少社会という希望

コミュニティ経済の生成と地球倫理

広井良典

人口減少問題は悲観すべき事態ではなく希望ある転換点

生きる力 森田正馬の15の提言

帚木《ははきぎ》蓬生《ほうせい》

西のフロイト、東の森田正馬。「森田療法」を読み解く

COSMOS 上・下

カール・セーガン／木村繁訳

宇宙の起源から生命の進化まで網羅した名著を復刊

「老年症候群」の診察室

超高齢社会を生きる

大蔵《おおくら》暢《とおる》

高齢者に特有の身体的特徴＝老年症候群を解説

long seller

『枕草子』の歴史学

春は曙の謎を解く

五味文彦

なぜ「春は曙」で始まる？ 新たに見える古典の意外な事実

平安人の心で「源氏物語」を読む

山本淳子

平安ウワサ社会を知れば、物語がとびきり面白くなる！

アサーションの心

自分も相手も大切にするコミュニケーション

平木典子

アサーションを日本に広めた著者が語るその歴史と精神

易

本田濟《わたる》

古来中国人が未来を占い、処世を得た書を平易に解説

ニュートリノ　小さな大発見
ノーベル物理学賞への階段
梶田隆章＋朝日新聞科学医療部
超純水5万トンの巨大水槽で解いた素粒子の謎！

丸谷才一を読む
湯川豊
小説と批評を軸にした、はじめての本格的評論

嫌韓問題の解き方
ステレオタイプを排して韓国を考える
小倉紀蔵　大西裕　樋口直人
ヘイトスピーチや「嫌韓」論調はなぜ起きたのか

発達障害とはなにか
誤解をとく
古荘純一
小児精神科の専門医が、正しい理解を訴える

asahi sensho

飛鳥むかしむかし
飛鳥誕生編
奈良文化財研究所編／早川和子絵
なぜここに「日本国」は誕生したのか

飛鳥むかしむかし
国づくり編
奈良文化財研究所編／早川和子絵
「日本国」はどのように形づくられたのか

政策会議と討論なき国会
官邸主導体制の成立と後退する熟議
野中尚人　青木遥
権力集中のシステムが浮かび上がる

幕末明治 新聞ことはじめ
ジャーナリズムをつくった人びと
奥武則
維新の激動のなか、9人の新聞人の挑戦と挫折を描く